頭がいい子の家のリビングには必ず「辞書」「地図」「図鑑」がある

個別指導教室SS-1代表
小川大介

すばる舎

はじめに

本書のタイトルをご覧になって、「辞書、地図、図鑑をリビングに！　子どもにガッツリ勉強させようということ？」と思われた方がいるかもしれません。

私は中学受験のプロですし、教育系雑誌の取材では学習戦略のお話をさせていただくことも多々あります。

バラエティ番組では、「カリスマ先生」としてタレントのみなさんの答案をバシバシ採点していましたから、テレビでご存知の方は、なおさら本書を「勉強ガッツリ系」と早とちりされそうですね。

けれども、実際にはまったく反対です。『勉強」ではなく、辞書、地図、図鑑を使って思いきり「遊ぶ」「楽しむ」方法をご提案していきます。

なぜなら、逆説的ですが、それこそが子どもの学力を伸ばすからです。

私はこれまで、有名私立中学を狙う子、その親御さんと、1万件以上の面談を重ねてきました。

そんななか、本当に残念だなと感じるのは、多くのお子さんが知識を「勉強」として詰め込んでいることです。

勉強しなければならないから、勉強する。そこに、知らなかったことを知る楽しさ、ワクワクはありません。

そのため、丸暗記では通用しなくなる高学年になると、とたんに息切れしてしまう子がとても多いのです。

もし、もっと小さい頃から知的好奇心を育み、さまざまな知識を楽しみながら吸収できていたら、どんなにラクか……。

「勉強ツール」とされている辞書、地図、図鑑に幼いうちから慣れ親しみ、おもちゃのように遊んでいたら、どんなに今、心強い援軍になってくれるか……。

教育の現場にいる者として、10歳くらいまでのお子さんを子育て中のご家族に、辞書、地図、図鑑との橋渡しをしなければ。そう痛感したのが執筆の動機です。

寝そべって図鑑をパラパラめくったり、子どもがテレビを観ていて聞いてきたことをその場で調べてみたり……。

一児の父として、私が実際に行ってきたことです。「勉強」なんて難しいことは考えず、辞書、地図、図鑑を使って子どもと一緒に「遊んで」きました。

何より私自身がそのようにして育てられました。

居間のこたつ兼用テーブルで家族がぺちゃくちゃ話すなか、祖父が思い出の旅行話をする際には、地図も引っ張り出してそのときのルートを話してくれる。

テレビ番組の「野生の王国」でトラを観て、母が「加藤清正ってトラ狩りしたやんな。あれ、日本？」と口にすると、父が図鑑を開きながら「そんなはずあらへんがな。あれは朝鮮出兵のときの話や、せやからこのあたりとちゃうか」とトラの生息域が解説されたページを指さす。

子どもの私は「ふぅ〜ん、そうなんや」と、おしゃべりを楽しむ。どれも楽しい思い出です。

辞書、地図、図鑑。いずれも昔からあるものですが、昔に比べて格段にクオリティがアップしています。

ビジュアル的なしかけや子どもの興味を引く工夫が満載で、バリエーションも豊富。大人が読んでも十分に満足できます。「僕らの時代にこれがあったら！」とうらやましくなるほど、今の子どもたちは恵まれた環境にいるのです。

この時代の利を活かさない手はありません。忙しい日常生活のなかでは自然体験をなかなかできない家庭でも、家のなかで体験学習ができてしまうのですから。

辞書、地図、図鑑を見ながら、親子で一緒に不思議がり、発見し、驚き、楽しむ。そうやって遊べば遊ぶほどに、お子さんの知的好奇心と地頭がすくすくと育っていきます。その楽しさをお伝えできればと思っています。

それぞれの親子関係のなかで、遊び方、楽しみ方を見つけていってください。

「おもしろ〜い！」の数だけ、お子さんの未来が全方向に開かれていくワクワクをお届けしていきます。

小川大介

第1章

頭がいい子の家のリビングはこんなにも違う！

第2章

図鑑、地図、辞書は学力を伸ばす「三種の神器」

第3章

「図鑑」でどんどん知識が増える

第4章

「地図」でみるみる世界が広がる

第5章

「辞書」でぐんぐん言葉が深まる

くらげ

第6章

親のかかわりと声かけこそ一番の環境

ブックデザイン—ISSHIKI
イラスト—村山宇希
撮影—原田真理

第1章

頭がいい子の家のリビングはこんなにも違う!

頭がいい子になるかどうか…それは家庭環境がカギ！

＊「何をするか」以上に「どんな環境に身を置くか」

私は、中学受験を専門とする個別指導教室の代表を務めています。さまざまなご家庭への学習指導を行う際、必ず聞かれるのが「これをやっていれば大丈夫」という教材や勉強方法の情報です。

おたずねになる親御さんの目は真剣そのもの。「頭のいい子に育てたい」「遠回りさせたくない」という願いが切実に伝ってきます。

もちろん、子どもにどういう教材をいつ与えていくのかというタイミングや、その子に合った勉強法の実践はとても大切です。

ただ、それは、本格的に勉強を始めてからでも間に合います。

お子さんの将来を思うなら、お子さんの年齢が低ければ低いほど、優先して取り組ん

でいただきたいことがあるのです。

勉強法をお教えする代わりに、私はこうおたずねします。

「ところでお母さん、ご自宅のリビングって、どんな感じですか？」

「はぁ？」「リビング？」

肩透かしをくらう方が大半ですが、私の学習相談はこの質問から始まります。

リビングは、家族が一番長い時間をともに過ごし、みんながくつろぐ大切な場所です。テレビを観たり、新聞を読んだり、食事をしたり、洗濯物をたたんだりする、生活を営むメインスペースです。

家族がリラックスして過ごせるよう、清潔さや明るい雰囲気を保つなど、細やかな工夫がなされていることと思います。

そのリビングには、何があるでしょう？　ご自宅のリビングについてたずねるのは、広さやインテリアや設《しつら》えを知りたいわけではありません。

＊リビングに並ぶ地球儀や一揃いの図鑑

交友のある多くのプロ家庭教師が、口を揃えて言うことがあります。それは、**「できる子のお宅はリビングでわかる」**ということです。プロがひと目で「できる子」と感じるご家庭のリビングには、必ずあるものが置かれています。

それが、図鑑、地図、辞書です。知的アイテムの代表格と言っていいでしょう。手に取りやすい場所に地図や地球儀が置かれていたり、本棚には大人用の本に交じって、子ども用の辞書や図鑑が並べられたりしている。おもちゃやゲーム以外に、親子で一緒に使える図鑑、地図、辞書が一揃えある……。

そういう家庭環境が整っているご家庭のお子さんは、勉強に対する姿勢ができているだけでなく、あと伸びがすごいのだそうです。

私もこれまで何千というご家庭の親御さんとお話をしてきましたが、「いい家庭環境だな」と感じるお宅は、やはり同様に図鑑、地図、辞書が置かれています。

リビングを、子どもがくつろぎエネルギーを蓄える空間であると同時に、知的な刺激に満ちた空間にしていくこと。つまり、リビングに代表される「家庭環境づくり」こそ、わが子の頭をよくしたいと願う親御さんにお伝えしたい最優先事項です。

＊父親の医学書を本棚から取り出して読む子

ユダヤ家庭の多くは、リビングに大きな本棚があるそうです。そこには子どもの本はもちろん、大人が読む小説や学術書も入っています。

子どもは本棚から親の本を取り出し、開いてみることもあるでしょう。書かれた文章の意味はわからなくても、真似をすることで賢くなれた気がしてうれしくなるのです。

そうして、本で何かを調べたり、新しい知識を得ることが日常に浸透し、子どもは「学ぶことは楽しい」と自然に知っていきます。

その結果、自分から勉強するようになり、どんどん優秀になっていくのです。

私の生徒のひとりに、算数と理科が飛び抜けてできる子がいました。お母さんにたずねてみると、ユダヤ家庭と同様の環境があったようです。

お父さんが勉強熱心な医師で、自宅のリビングの本棚にも医学書が並んでいました。その子は物心ついた頃から、お父さんの蔵書を取り出し、英語やドイツ語が混ざった解剖図や美しい骨の写真などを、わからないなりに眺めていました。

あるとき、お父さんの本のなかで見た図を学校の授業でも目にしたことで、自分の勉強と、お父さんの仕事がつながっていることを知ります。それがきっかけとなって興味をかき立てられ、あらためてお父さんの蔵書を見直すようになりました。

こうした環境のなかで、自然と科学的な知識に親しんだことが今につながっているのではないかとのことでした。その子は御三家とされる難関中学に進学しました。

リビングは親がどんな環境をわが子に与えたいか、その意思が端的に表れる場所です。

日頃、家族の目にふれるリビングの棚に、使わなくなった雑貨やおもちゃが乱雑に詰め込んである環境と、子どもの成長過程に見合った図鑑、地図、辞書や家族それぞれのお気に入りの本が並べてある環境……。

どちらが子どもの将来の学力にとって望ましいか、言うまでもないことと思います。

東大生の多くはリビングで勉強していた!?

＊勉強専用の部屋をつくったほうがいいのでは？

子どもに知的環境を与えるということで、勉強部屋（個室）を与えたほうがいいのではと考える親御さんも多いかもしれません。

たしかに、リビングはいろいろと〝誘惑〟が多い場所です。テレビがあれば見たくなります。たいていのおうちはリビングダイニングになっていて、食事も同じ空間でとることが多いと思います。おやつを食べることもありますし、人の出入りも多く、落ち着いた場所にはならないかもしれません。

「それよりは、別に子ども部屋をつくり、そこを知的空間にしたほうがいいのでは？」

「わざわざ図鑑や辞書などをリビングに置かなくても、子ども部屋に本棚を置いたほうが、集中できて本もゆっくり読めるのでは？」

子どもの教育に熱心な親御さんほど、そうお考えになるかもしれません。

ですが、現実にはせっかく個室をつくっても、子どもはそこであまり時間を過ごさないもの。図鑑などをずらりと揃えても、子どもが手に取ることはほとんどないでしょう。

低年齢であればなおさらです。

なぜなら、**子どもの関心や意欲には「親のかかわり」が最重要**だからです。


「リビング学習」という言葉をお聞きになったことがあると思います。最近、注目されているワードです。

ひと昔前、子どもにとっていい学習環境とは、すなわち独立した部屋を与えることだと多くの人が考えていました。「学習効果を上げるのは個室」という考え方が、主流だったのです。

ところが、近年の傾向を分析してみると、独立した個室よりもリビングで勉強していた子のほうが、学力をつけ、難関中学を突破。ひいては、いい高校、いい大学へ進学していることがわかってきました。

それは実際のデータにも表れています。ある調査によると、東大生の半数以上が子どもの頃、自室ではなく家庭のリビングで学習をしていたという統計結果が出たそうです。
また別の調査では、リビングで勉強していた子が子ども部屋で勉強するようになったら、6～7割の子が逆に成績を落としてしまったとのこと。

＊親の目と声が届く場所だからこそ

では、なぜリビングか。それは、「すぐそばに親がいるから」。お母さんが料理中にキッチンにいても、リビングならすぐそば。子どもが声をかければ、お母さんから返事がくるし、「ちょっときて」と言えば、すぐにきてくれる距離です。

小さな子どもは、「パズルできたよ」「恐竜描けた～」というふうに、何か達成できたことがあると必ず親に見せにきますね。「すごい！」「上手だね！」と言ってもらうのがうれしいのです。

ものすごく精密な恐竜の絵を描いて、「うん、うまく描けた」と満足し、ひとりごちている幼児がいたら、ちょっと不気味です。

普通、子どもはそのようには育ちません。親のほめ言葉やリアクション、「声をかけたら、すぐに届く」という安心感や「何か質問したら教えてもらえる」という信頼感を得て、「またやってみよう」「もっとうまくなりたい」とやる気を高め、持続させていくのです。

それはもっと大きくなってからも同じです。自分が今日どれくらいがんばったか、親がちゃんと見ていてくれる。わからないことをたずねると、ヒントを教えてくれる。それが子どもをどんどんやる気にさせ、学力を伸ばすのです。

知的空間をつくるなら、何はさておきリビングから。リビングに知的アイテムを集結させましょう。

そして、リビングが知的空間になり、そこで図鑑や辞書や地図を開くのが当たり前になれば、それは勉強と地続きです。リビング学習にスムーズにつながっていくでしょう。

未就学のお子さんも、小学校に上がってからの勉強に自然に入っていけるようになります。

生活のメインスペースを知的好奇心の〝発信地〟に

＊テレビや家族の会話から生じた「何？」を逃さない

詳しくは次章から見ていきますが、図鑑や地図、辞書とは何のためにあるのでしょう。これらはいずれも、知りたいことや確かめたいことがあったとき、開くものです。だからこそ、生活の場の中心であるリビングに置くのがいいのです。

子どもは日々、生活のなかでたくさんの刺激を受けています。見るもの、ふれるもの、出会うものすべてが不思議でたまらず、世界は謎に満ち満ちています。子どもの頭のなかは「何？」「なぜ？」でいっぱいなのです。

テレビを観ていても、本を読み聞かせていても、「お母さん、これ何？」「どうして？」と、さまざまなことを口にします。

ただ、子どもの関心が持続するのはたった30秒！　とても短いのです。

「なぜ？」「これって何？」と言っていたと思ったら、もう**次の瞬間には別の遊びに夢中**になっています。

その「知りたい！」と思った瞬間を逃さず、うまく知的好奇心を刺激するには、生活のメインスペースに知識のネタ本が置いてあるのが大切です。

たとえば、テレビのニュースで出てきた地名を地図で調べたり、テレビ番組に出てきた動物や植物を図鑑で調べたり、家族の会話で出てきたわからない単語を辞書で調べたり……。「すぐに」「その場で」詳しい情報にふれられるようにするのです。

＊ソファで寝そべりながら図鑑を読む光景

「あとで調べよう」もいいのですが、知識の吸収が一番いいのは、子どもの知的好奇心のアンテナが立っているときです。

そのタイミングを逃さないためにも、「いつでも〝知〟にアクセスできる」ように、リビングに図鑑、地図、辞書を置くのです。

子どもが興味を持ちそうなものが話題に上がったら、すぐにその場で「じゃあ調べてみようか」と言って図鑑や地図、辞書を取り出してください。

何度も調べて、習慣化してくると、子どもはわからないことがあったら自分で取り出して調べるようになります。

そうなったら最高です。子どもの知的好奇心は無限に広がっていくでしょう。この積み重ねが知識の定着につながり、頭のよさにつながっていきます。

とはいっても、リビングはあくまで家族がくつろぐ場所です。いかに「知的好奇心を広げるため」とはいっても、それが義務になってしまったり、強制感が出てしまったりしては長続きしませんし、何より逆効果になってしまいます。

きちんと座って、図鑑、地図、辞書をずらっと並べて「さあ調べましょう」などとする必要はありません。

手にとって読むのは、ソファに寝そべりながらでもかまわないのです。

大事なことは、気になったことをその場で、すぐ調べることができるという環境です。

＊「置いてある」のとないのとでは大違い

さて、図鑑、地図、辞書を揃え、リビングに置いたとします。親御さんはきっとこう思うでしょう。「さあ、買ったのだから、どんどん開いてね！」。

でも、残念ながら、ただリビングに置いただけで、子どもが自発的に開き、好奇心を持って次々と調べ始めるということは起こらないでしょう。

「置いただけでは見ない」というのは、どのご家庭でも起こる当たり前のこと。それを「やっぱりうちの子は賢くないんだ」とあきらめたり、「せっかく揃えたのに意味がなかった」と撤去してしまうのはあまりにももったいない。

「置いてある」ことに意味があるのです。まずは置くだけで十分。置いてあるのと置いていないのとでは雲泥の差です。

わが家ではじめて図鑑を買ったのは、息子が3歳の頃だったと思います。

散歩している最中に花壇の花が目にとまり、「この花、なに？」「なんだろう。図鑑で調べてみようか」となりました。そのまま書店へ出かけ、いくつか見つくろったなかから息子に選ばせて購入。その後、リビングの本棚に置きました。

それから息子は花が好きになり……となれば万々歳なのですが、そううまくはいきません。買ったその日は関心を示しましたが、息子が自発的に「花」の図鑑を開いたのは、私が知るかぎり、その後5年の間で2回くらいだと思います。

「たったそれだけのために図鑑をリビングに置くのですか？」

という、親御さんの声が聞こえてきそうです。

けれども、生活圏内に図鑑があれば、何かの拍子に、子どもが気まぐれに図鑑を開くこともあるでしょう。

ぽかっと時間ができたとき、テレビを観ていて何か気になったとき。パッと開いて、「ふーん」と思って、またパタッと閉じる。図鑑を開いて見たというアクションがあるだけで、もう手放しでＯＫです。

子どもは、出会いたい知識に出会いたい瞬間に出会わせてあげれば、知識を勝手に吸収して賢くなっていきます。

せっかく買ったのに5年間一度も開かなかったというときはどうするか。「そんなもんだ」と思えばいいのです。

子どもの関心はそっち方面には向かなかったかもしれませんが、別の方面で開花している可能性があります。それならそれでよしです。

また、子どもはどんどん成長します。5年間一度も見なかったものを、急に見るようになったりすることもあります。

私の息子も、学校の授業や塾の勉強とつながってくる9歳頃になってから、急に図鑑を開く回数が増えました。

置いてさえおけば、見る機会がやってきます。大人の「積ん読」でも、何年も読んでいなかったのに、急に読む気になることがありますよね。そのときが、その本と出会うべきタイミングだったということ。

「いつかは出番がある」と気楽に考えましょう。

図鑑、地図、辞書を使って親子で〝一緒に〟楽しむ

＊自分ひとりで開くようになるには時間がかかる

まずは「（リビングに）置く」ことが第一段階です。そして次は、置いた図鑑や地図、辞書といかに子どもが接点をつくるかです。

先に述べたように、それには親御さんのかかわりがすべてです。

図鑑や地図や辞書が置いてあると、子どもはこれらに慣れてきます。ただ、「使えるようになる」という意味ではありません。一足飛びにはその段階にいけないのが普通で、最初は「身近にあることがわかる」「ただふれているだけ」という感じです。

自発的に開いて眺めたり、関心のあることを調べたり、覚えたりするのは、まだまだ先の話。

親御さんにまず目指していただきたいのは、「一緒に見る」ということです。

さきほど、わが家の「花」の図鑑の話をしましたね。息子が使った回数が少ないわりには、図鑑にはかなりの使用感があります。

図鑑のような分厚い本は、最初は開きづらく、手にもなじみませんが、使い込んでいくとパッと開きやすくなり、カバーも柔らかくなって、**全体的にフカフカしてきます**。

うちの「花」の図鑑は、けっこうフカフカです。なぜかというと、私が開いて息子と一緒に眺めてきたからです。

＊「一緒に見よう」と誘えば喜んで見る

子どもは親が大好きです。親が「一緒にやろう」と言えば、喜んでやります。

置いてあるだけでは目もくれなかった図鑑や地図や辞書でも、親が開き、「一緒に見ようよ」と声をかけたとたん、とても魅力的なものに変わります。

「さっき公園で見かけた鳥なんだろうね」

「どんな色だっけ？」

と、「遊びに誘う」ような感じで声をかけてみます。

「へー、いろんな鳥がいるね」

「いっぱいいるね」

という会話で終わってもけっこうです。

最初はそれで十分です。


親が絵本の読み聞かせをしてくれるように、一緒に本を開いて話しかけてくれるだけで、子どもは充足感を得ます。

「お母さん（お父さん）と一緒に図鑑を見るのは楽しい」という感覚がインプットされていくのです。

この段階では、子どもは直接的には使っていないように感じるかもしれませんが、**親を介してちゃんと使っている**ことになります。

ですから、図鑑、地図、辞書を使うのは、最初の段階ではお子さんではなく親御さんなのです。

＊「ここには楽しいことが載っている」と思わせたら勝ち

まずは親御さんが図鑑なり地図なりを開くことです。

そのとき、「子どものためになるようなことを」「ぜひ知ってほしい知識のページを」などと考えず、親御さん自身の関心の向くままでかまいません。

私の場合、ほとんど自分の好奇心で、例の「花」の図鑑を開いたり、夏休みに計画している旅行先の地図を見たりしています。

知らないことや忘れていることを、私自身があらためて知る絶好のチャンスだと思

うからです。

そうして、親が「へぇー、○○って書いてある」と驚いたり、「そうだったんだ、知らなかった」と感心したり、「おもしろいよ！」と笑ってみせると、子どもは勝手に寄ってきます。

「何？」「楽しそう！」「僕も混ぜて」「私にも教えて」と、感情が動くからです。

このように**子どもの心を動かしてあげることが、知識を蓄え、賢くなっていくためには大切**です。

親は、「驚く」「感心する」「笑う」という感情の変化を素直に表していればいいのです。

こうした親子のやりとりをくり返しているうちに、子どもは「この図鑑（地図、辞書）には、おもしろいことが載っている」と思うようになります。

そうなれば、やがて自分ひとりでも手に取り眺めるようになるでしょう。

学校の勉強以外の知識こそ子どもを伸ばす

＊本当に頭のいい子はとにかく博識

図鑑、地図、辞書。「学力を伸ばす」という点では、遠回りな方法に思えるかもしれません。ドリルを解いたりするほうが、直接的な効果が見えるような気がしないこともないからです。

実際、「昆虫の図鑑を見たところで、理科のテストに出るのはほんの一部ですよね？」などという声もよく聞きます。

けれども、学校の勉強以外のプラスαの知識こそ、頭がいい子をつくるもの。**日頃からの知識の収集が地頭の土台となる**のです。

たくさんの子どもを見てきた経験からわかるのですが、将来伸びる子には、共通するある特徴があります。

志望中学に余裕で合格できそうだ、あるいは、今は受験に挑戦しなくても高校や大学でラクラク大逆転が可能だろう、と予測が立つ子に総じて言えるのは、知識の偏りが少ないということです。

いざ本格的に勉強を始めるときがきたら、どの角度からでも伸ばしてあげられそうな子は、さまざまなジャンルのことをひととおり知っています。また、少々の苦手意識はあったとしても、幅広い知識を受け入れる下地のようなものができています。

現に今の中学入試問題も、そうした幅広い知識を問う問題が増えています。

たとえば、都道府県の形を後ろから見て、どの県かを答えさせる問題。一見すると奇問に思えますが、実はどれだけ日本地図に親しんできたか、その子どもの育ちと学びを問うような深い問題なのです。

＊食事のときもテレビも…すべて学びの時間

日々興味を持ったこと、疑問に思ったこと、気になったことを図鑑や地図、辞書で調べる……。そんな時間もすばらしい学習の時間です。本人は勉強しているつもりは少しもないでしょう。けれどもそのときに、脳のシナプスはすごい勢いでつながっているのです。

私の職業がら、自分の子どもにはさぞかし家庭学習をやらせているのだろうと思われているようです。実際には、うちの子どもが家でいわゆる机に向かってする勉強はせいぜい1日に30分でしょうか。ただし、それ以外の時間は図鑑を見たり、電車の路線図と全国地図を見比べたりしています。それらはすべて広い意味での学習の時間です。

目覚めている時間はすべて学びの時間。大切なのは、知的好奇心のアンテナをどれだけ立てているかということです。

アンテナが立っていれば、テレビでアニメを見ている時間さえも、何かしらが引っかかり、学びにつながっていくものなのです。

＊図鑑、地図、辞書を〝おもちゃ〟のごとく遊び倒す

「楽しく遊んでいたら子どもは育つ」。これが私の持論です。

私は勉強を強いられた記憶はまったくなく、ガリ勉とは無縁でした。「両親と遊びながらいろんなことを経験していたら、知らんうちに学んだなぁ」という実体験がベースにあります。

保育園児の頃、「大きくなったら、折り紙屋さんになりたい」と言うくらい折り紙が好きでした。

今になって考えてみると、折り紙は図形の勉強や立体感覚の獲得にとても役立ちました。でも、**小さいうちはただ好きだから、夢中でやっていただけ**なのです。両親はそういう私の遊びに、いつもとことんつきあってくれました。

また、生活のなかでいろいろな経験をさせてくれ、3人きょうだいの長男として小さい頃からおつかいも任せてくれたので、小学校に上がる頃には九九を自然に覚えていました。

うちの両親は、かかわり方が上手だったのだと思います。遊びと勉強を分けず、どんなことでも子どもが楽しんでいられる状態をつくってくれていました。

図鑑、地図、辞書も同様です。「勉強」のために置くのではなく、親子で楽しみ、遊ぶために使うのです。そうすることで、知らぬ間に大きな力がついていきます。

第3章から、図鑑、地図、辞書の具体的な使い方をご紹介していきますが、私のスタンスはあくまで「遊ぶ」「楽しむ」です。それぞれをまるで〝おもちゃ〟のように遊び倒すことで、学力もめきめきついてしまうのです。

与えるのは早ければ早いほどいい

＊分厚い図鑑を「読んで」と持ってくる2歳児

図鑑や地図、辞書をリビングに置く大切さがわかったとして、それは子どもが何歳になってからなのか――。

答えは「今すぐ」「何歳からでも」です。

しかし、

「社会科で地図を使うのは3年生からでしょう？」

「入学したら学校で、この辞書を買ってくださいと指定されるはず」

「まだひとりで本も読めていないのに」

「内容も十分に理解できないものを与えても……」

だから、「買うのはまだ早い」とお考えになる親御さんがおられます。

とくに、入園前の小さいお子さんの場合、まだまだ必要ないと判断する方が多数です。

でも、それは誤解です。まだ小さいからこそ、どんどん与えるべきなのです。

小さい子どもに、これは難しいとか簡単とかいう判断基準はありません。あるのは、**おもしろいかおもしろくないかだけ**です。

たとえば、最近の図鑑は写真主体のビジュアル重視で、眺めていてとても楽しいつくりになっています。赤ちゃんでも楽しめるくらいです。


あるご家庭では、上の息子さんが魚好きで図鑑をよく見ていました。

お母さんとお兄さんが一緒に図鑑を眺める姿を、下の2歳の娘さんは自然に目にしていました。

そして、自分でも時々図鑑を引っ張り出し、眺めていました。お母さんに「読んで」と持ってくることもしばしば。

図鑑に対して特別な意識はなく、その子にとって絵本のひとつにすぎませんでした。

やがて家族で水族館へ行ったときのことです。「あの魚はなんだろうね」とお母さんが声をかけたら、娘さんが「おうちにかえって、ずかんみてみよう」と言ったそうです。

驚いたのはお母さんでした。こんな小さい子から、そんなセリフが出てくるなんて……と。

＊「見慣れておく」ことで将来の勉強がスムーズに

もちろん、一足飛びにそうなったわけではありません。

リビングという生活の場で、図鑑を開いて親子で一緒に見るという環境が継続されてきたからこそ、たった2歳でも「あの分厚い本に何かいいことが載ってる」とわかるようになったのです。

きっとその子は、これからも図鑑を「楽しいことが載っているもの」と思い続け、折々眺めることになるでしょう。

その積み重ねは、学習にどれほどの好影響を与えるでしょうか。

小学校で本格的に勉強が始まったとき、おそらく相当なアドバンテージになっているはずです。学校で習う理科の内容などは、「幼稚園のうちに家の図鑑で全部知ってしまいました」という状態になるかもしれません。

地図にしても、壁に貼っておくことで、折々に眺めます。

一番上にある、大きな形のところが「ほっかいどう」。ぼくの家は真ん中あたりの「とうきょう」……などと、都道府県の位置関係がなんとなくわかってきます。それがいいのです。

そして、いざ本格的に勉強が始まったとき、「あ、自分の知っている、この（日本の）形だ！」と、びしっとつながるのです。

ゼロベースからの勉強はつらいもの。見慣れておくことで得た断片的な知識が、先々の勉強にスムーズに入っていけるヒントになります。

スタートが早ければ早いほど、子ども側の受け入れがラクになります。

また、長い時間をかけるから、ムリなく確実に知識が定着していきます。

必要に迫られてから用意して子どもに渡しても、すぐに使いこなすのは難しく、拒絶されてしまいます。

親も「使わせなきゃ」「覚えさせなきゃ」と焦ってしまいます。

子育てにおいて「時間を味方にする」のは、とても大切なことだと思います。

＊時間を味方につける

「早ければ早いほどいい」というのは、私の「世間の常識の3年前から始める」という考えにもとづいています。

たとえば、ひらがなの読みについては、私は子どもに2歳から、書きについては3歳から教えていました。数字を数える、100までの数字を覚えるのも、同じくらいから始めました。

おそらく世間一般から見ると、すべてが3年ほど前倒し。

ですが、別に英才教育を施したいと思っていたわけではありません。現に、うちの子はお受験などをせず、公立の小学校に通っています。

なぜこう前倒しにしているかというと、理由は簡単。「ゆっくりやれるから」です。

2歳でひらがなを読めないのは当たり前。読めなくても、親は「そりゃ難しいよね」と思えます。

するとイライラしなくてすみますし、ましてや怒ることもないのです。

反対に、少しでも読めたら「すごい！　天才！」と思えます。子どもをおおいにほめてやれます。

すると、子どももどんどんやる気になっていきます。

そして、前倒しで始めておけば、3年分は先に行けなくても、1年分くらいは先にできるようになるでしょう。

これは親にとっても子どもにとっても、精神的なゆとりをもたらしてくれます。

とかく親は、「うちの子は〇〇ができていない」「間にあわない」「足りない」と焦ったり、不安になりがちですから。

今お子さんが幼児の親御さん。ぜひすぐに、環境づくりをスタートしてください。

すでにお子さんが小学生というご家庭も、決して遅くありません。

気づいたときが始めどきです。

今日からさっそく、図鑑、地図、辞書を揃え、リビングを知的空間に仕立て上げていきましょう。

第2章

図鑑、地図、辞書は学力を伸ばす「三種の神器」

図鑑、地図、辞書が学力アップに必須の理由

＊書き取りや計算練習が最優先では？

前章で、図鑑、地図、辞書をリビングに置く大切さについて述べてきました。こうした知的アイテムを日常生活に溶け込ませることで、学力が伸びていきます。

とはいえ、辞書については、「国語」に直結するものなので、その重要性は実感としてよくわかります。一方、地図や図鑑は主に「理科」「社会科」につながるものです。

一般的に国語や算数と比べ、理科や社会科はサブ的科目とされています。それなのに、地図や図鑑が大切なんて……？と思われる方も多いかもしれません。

学力向上を考えるなら、国語と算数の強化こそ最優先では。漢字の書き取り練習をしたり、計算問題を解いたりといったことに時間を割くべきでは？……

たしかに、国語と算数は学力の基礎です。力を入れて勉強することは大切です。

では、理科・社会科は力を入れなくていい、あと回しでいいかというと、決してそんなことはありません。

理科・社会科とは、「生きていくうえで大事な力」を授けてくれる科目です。

理科からは自然における現象や法則を、社会科からは人の営みや世の中のしくみを学ぶことができます。これらは将来役に立つ知識や考え方のベースとなるものです。

ひと言で言えば、**「人の幅を広げる」科目**なのです。

私が専門とする中学受験でも、難関校では国算理社の4教科試験が主流です。

以前であれば国語と算数の2教科試験を行っていた中学でも、4教科試験を採用するようになっています。

同時に、表向きは国語の問題でありながら理科の知識が必要な問題や、理科と社会科の知識が必要な問題など、科目を融合させた入試問題が増えてきています。

＊科目融合型の問題が入試の主流となる時代

たとえば、都立中高一貫校の桜修館中等教育学校では、平成25年度入試（適性検査）の作文問題で、３種類の世界地図を見て、考えたことを原稿用紙に６００字以内で書かせています。

３種類の地図とは、ひとつは日本を中心に置いた、日本人になじみ深い地図。

２つ目は、それを上下逆さまにした、南半球で主に使われている地図。

そして３つ目は、経度０度のイギリスのグリニッジ天文台を中心にすえたヨーロッパで主に使われている地図です。

作文の問題ですから、一般的に考えれば国語に当たります。しかし、普通の国語の試験のように課題文を読んで解答するスタイルではなく、３つの地図から自分の考えを文章化することが求められています。教科でいえば、国語と社会科の融合問題です。

これらの地図は、地図を発行する国を中央にして世界全体を見る形になっています。それを理解したうえで、「ものの見方は人の立場によって変わる」ということを、自分の体験に結びつけて作文する能力を問われているのです。

ほかにも、渋谷教育学園幕張中学校で出題された社会科の入試問題（平成24年・第1次）では、千葉県の地図の一部を掲載。市原市を流れる養老川周辺の歴史を問いつつ、侵食作用や堆積の変化、気象が地域に及ぼした影響について問うています。

資料として、川岸の泥岩層、砂岩層の写真が2枚ついています。写真に写る泥と砂の層から地形を判断するには、理科の視点と知識が欠かせません。

人間の営みと地理的なものを関係づけながら学ぶのが、社会科という科目です。その地域ごとの特性も加味しながら自然のメカニズムを解明するのが理科ですから、本来、社会科と理科は切り離せるものではないのです。

この問題で、社会科と理科の両方面から問題を解かせようとしているのは明らかです。

将来的に世界に羽ばたいていけるような人材を輩出したいというのが、一流校の考えです。

そうした人材になれる生徒かどうか。世の中のさまざまな出来事、いろいろな現象に関心を持ち、豊富な知識を持っているかどうか。そこを見たいのです。

そして、その知識を「どう使うか」と問うてきます。

つまり、ただ暗記して詰め込むだけのガリ勉ではなく、知識を自分のものとしたうえで、それをつなぎあわせ、幅広い思考ができるかどうかです。

＊図鑑や地図で遊んできた経験が物をいう

このように、科目の境界を越えた、総合的な思考力を問うのは、今後の教育全体の主流となってくるでしょう。

小学校の勉強というと科目別の学習が当然で、個々の科目のドリルや練習問題をこなすことが、学力のベースになると思い込んでいる人はまだ多いでしょう。

しかし、それは本当の意味での学力を培ってくれるわけではありません。

子どもの地頭をよくするには、幅広い知識を蓄え、そして、その知識と知識を自在につなげていく経験が何より大切です。

本来の学問に、科目の垣根などありません。偉大な科学者が、哲学の領域でも歴史に名を残している例もあります。

科目は、学校教育をスムーズに行うためにつくられた便宜上の仕切りであって、子どもの能力を伸ばすことを考える場合、それにとらわれてはいけません。

2020年には、大学入試改革が行われます。簡単にまとめると、従来のマークシート式から、自分の言葉で書く記述式に大きく方向転換します。

大学側は単に知識の多い少ないを問うているのではなく、問題意識を持ち、さまざまな知識をうまく使いながら持論を展開していけるかどうかを試そうとしています。

その幅広い知識や思考力の下地づくりに貢献するのが、図鑑、地図、辞書の知的ツールであり、これらを介して親御さんと遊んできた日常経験です。

そして、それは急ごしらえでできるものではなく、小さい頃からの積み重ねでできるものなのです。

図鑑、地図、辞書は学力を底上げする「三種の神器」だと私は思っています。

次項から、それぞれについてもっと詳しく見てみたいと思います。

図鑑は知識を増やす最強のビジュアルツール

＊パッと見てキリンの大きさを体感できる工夫

ビジュアル刺激が図鑑の最大の特徴です。

最近の図鑑は、非常によくできています。情報をただ網羅しているだけでなく、小さな子どもでもパッと見てわかる視覚的なしかけが満載です。文字が読めなくても楽しめます。

写真やイラストのリアルさ、色使いやレイアウトの工夫、**子ども向けとあなどれないレベルの高さ**は脱帽ものです。

左は『もっとくらべる図鑑』内のページです。地球上の生物、山や湖などの自然、乗り物や建造物などの人工物、そして惑星まで、さまざまなものを「くらべる」という切り口で紹介している図鑑です。

「一番背の高い動物のキリンは、信号機と同じくらいだね」と、親子で遊びながら眺めているだけで、「比較してものごとを見る力」が養われていきます。

ビジュアルからの刺激を得られる最強ツールが図鑑。繰り返し見るほどに好奇心が広がり、情報がインプットされ、覚えていないようでも、子どもの記憶の底にたまっていきます。

＊難しい漢字や言葉も
どんどん覚えてしまう

図鑑の役割は、「何かを調べるもの」「調べて覚えるためのもの」と思われがちです。

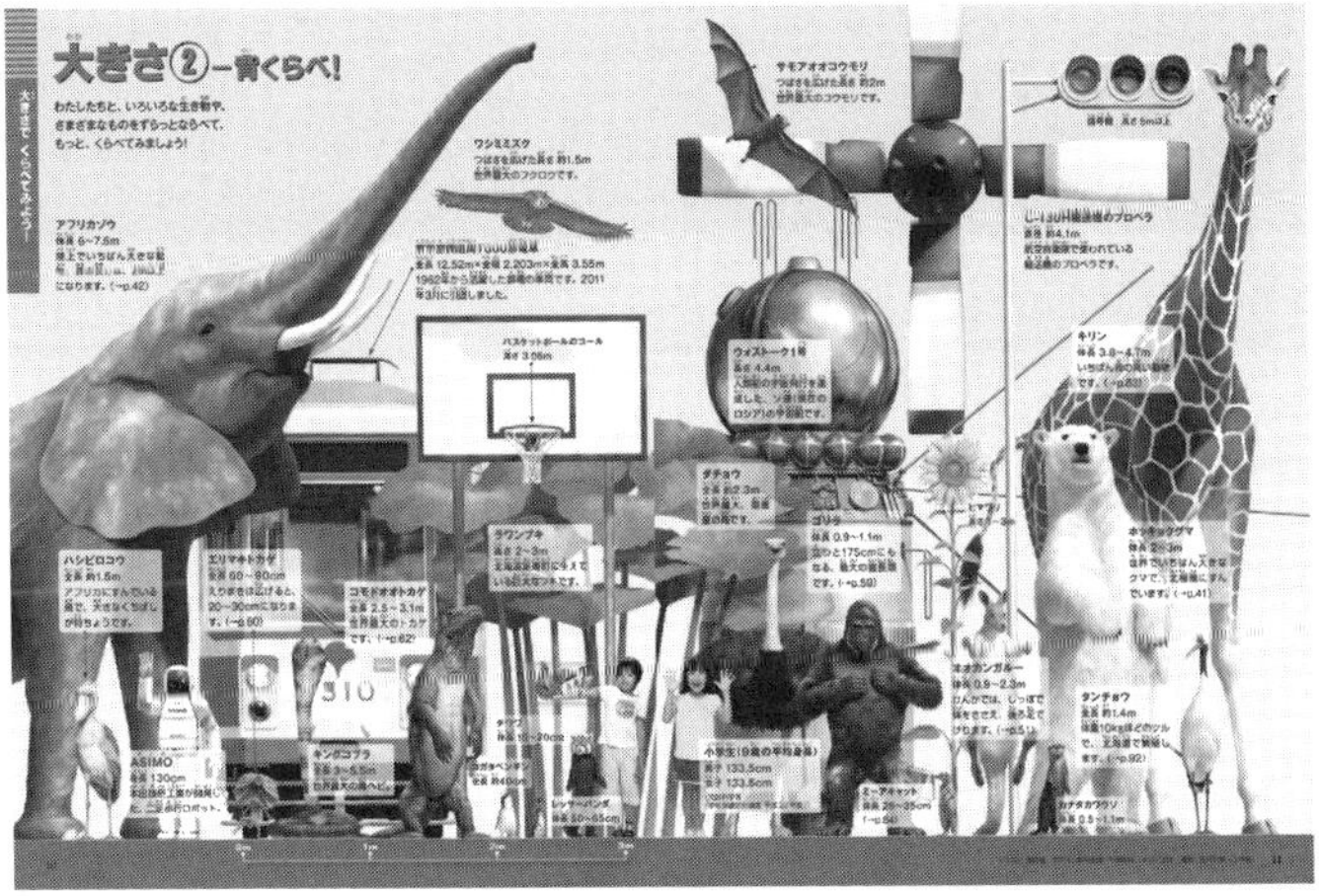

『もっとくらべる図鑑』（小学館の図鑑NEO+ぷらすシリーズ）。

しかし、いきなりその段階に行こうとせず、**最初は親子で一緒に「ただ眺めている」のが正しい使い方**です。

たとえば、公園で咲き始めのタンポポを見かけたとします。

家に図鑑があれば、「さっき公園にタンポポが咲いていたね」という親からの声かけで、親子で一緒に図鑑を開いて眺めることができます。

いろいろな種類があり、花びらや頭花（花全体）の造形に違いがあることを、ビジュアルで確かめながら、「いろんなタンポポがあるね」「さっきのはこれかな」といった、たわいない会話を親子で楽しめればいいと思います。

成長の初期段階で、親が子どもに教えてあげたいのは、「世のなかにはたくさんのものがある」ということです。幅広い知識が子どもの地頭をよくし、学校での勉強の下支えになります。

また、図鑑の文章は、子どもの理解やレベルにあわせた語彙を厳選し、作成されています。

好奇心を広げて知識を増やしてくれるだけでなく、知らず知らずに言語に対する感覚も刺激してくれるのです。図鑑を見ているだけで、知っている言葉や漢字がどんどん増えていくでしょう。

＊学校で習う前から理科が超得意に!?

小学校では1、2年のうちは、理科と社会科をまとめて「生活科」として学びます。友達や自然とのふれあいを通じて、生活に目を向けることが主要テーマです。公園の観察、植物を育てるなど理科的な要素も含まれ、3、4年以降で本格的に理科を学んでいくための導入になります。

ただ、この生活科の学習が理科に移行すると、現象や物の名前を覚えることに苦手意識を持ち始める子がチラホラ見られるようになります。

そこで、この苦手意識を持つ前に、図鑑にふれながら「いっぱいある」ことの楽しさに気づかせてあげてほしいのです。

楽しければ、関心を持ちやすく、関心の矛先が広がって、知識もどんどん増えていくでしょう。

図鑑ほど、小さいうちからふれさせてあげてほしいと思います。先入観のないときに「図鑑って楽しい」と思わせることができたらしめたものです。

幼いうちは「絵」としか認識しないでしょうが、いざ本格的に勉強が始まってから、その「絵」が「オオサンショウウオだった！」などとつながる可能性は十分あります。そこから興味を持ち、「天然記念物」などの知識を増やしていくこともできます。

ゼロからの勉強は大変ですが、すでに知っていることは、かなりのアドバンテージになるはずです。

知識の広がりを得るために、どんどん活用したいのが、この図鑑なのです。

地図は見える世界を多様に広げるツール

＊自分から遠い場所に関心を持てるかが社会科の要

子どもの視点を身近な現実から遠くへ、多様な情報をともないながら広げていくのを助けるのが、地図の役目です。

子どもが認識している世界はとても小さなものです。

自分の家の近所や保育園や幼稚園、小学校までの道やその周辺といった限られた世界がすべてで、それ以外の世界が存在することをまだ容易には想像できません。

「日本ってどこ？」などと聞いてくることがあります。自分が住んでいる○○市○○町とは別の、日本という場所があると思っているのです。

子どもは**自分が知っていることにひもづけて、新しい知識を吸収**していきます。

地図を覚えていく際、その中心になる知識は、毎日通る道や毎日の生活のなかで子どもがリアルに知っている場所や地域です。

これらが知識の核。ここから、まだ越えたことがない大通りの向こう、隣町、隣の駅、隣の市、県、新幹線や飛行機で訪ねる地、海外というふうに想像できる範囲が広がっていきます。

実は、小学校6年間の社会の学習もこのような流れで進んでいきます。

3年で生活科から社会科に移行して、3年の前半に白地図や手書き地図。町や市の航空写真や地形写真、地図記号にふれます。

4年の後半で、47都道府県が記された日本地図について学びます。

3、4年では、学校の周辺や近くの商店街で働く人たちの暮らしを学ぶことが主要テーマです。

5年では、日本という国土の地形、暮らしの特徴、気候と産業の関係、日本と世界の貿易などを学びます。

6年で学ぶ歴史の勉強は、地理の知識のうえに成り立っています。

小学校6年間の社会をごく簡単にまとめると、子どもの目に見える現実的な世界から、子どもの目に見えない広い世界や時空を超えた世界まで、幅広い知識を獲得するということになります。その学習の軸になるのが、地図です。

＊「北海道は東京より寒い」は実はとても高度

視点を広げられると、どんなメリットがあるのか——。

実はここに、学力を大きく下支えする秘密が隠されています。

小学校3、4年になる9、10歳頃、子どもの視野はぐっと広がります。この頃を境に、突然、社会へ目が向き始めるのです。

今までは自分を取り巻くごく周辺のことしか視野になかったのに、ニュースを見て「難民って何？」とか、「消費税が上がるんだね」とか、急にレベルの高い質問や、大人びたことを言い始めます。

小学校の学習カリキュラムは、こうした子どもの発達段階にあわせてつくられています。そのため、3、4年の社会の教科書にはじめて地域の地図が掲載されるのです。

たとえば、東京在住の子がニュースで、さっぽろ雪祭りの映像を見たとします。

雪像をバックに分厚いコートを着ている人を見て、「北海道は東京より上のほうにあるから寒い」ということを日本地図と照らしあわせて理解できるのは、実はとても高度なことです。

「雪がたくさん降っている」「分厚いコートを着ている」という具体的な情報を整理し、「あの地方は寒い」とま

とめることができるのは、日本地図が頭に入っていて、位置関係を理解できているからです。

つまり、**ものごとを抽象的に見られている**ということです。

「俯瞰視点」と言い換えることもできます。

この視点が持てると、「じゃあ、さらに上にあるイギリスは、もっと寒いのかな？」と、行ったことのない土地の気候を想像できるようにもなります。

アフリカの地図を見て、「ケニアは暑そうだけれど、もっと下にある南アフリカは、緯度が近いニュージーランドと気候が似ているのかな」と気づくこともできます。

さらに、視点を広げられる子は、外の世界から自分を客観視する力も身についていきます。

抽象化思考を磨いていくのに、地図は最高のツールなのです。

辞書は言葉の理解を深めるツール

＊意味をちゃんと知らず通りすぎている子が多い

たとえば、子どもが「甲虫って何？」と聞いてきたとき、「甲虫」を辞書で引くと、こう書いてあります。

「よろいのような堅い羽のある昆虫の総称。カブトムシ・黄金虫など」

この一文を読みあげるだけで、子どもは、

「よろい!?」

「堅い羽ってどんなやつ？」

といった反応を示すかもしれません。

このような会話を通して、言葉にはそれぞれ「正しい意味」があることを子どもは学んでいきます。つまり、言葉の「定義」です。

「〇〇って何?」の答えを見つけ、「へぇ! そうなんだ!」と腑に落ちたときはじめて、その言葉は私たちのボキャブラリーになってくれます。

言葉をなんとなく覚えているだけでは、なんとなく忘れてしまい、知識として定着しません。曖昧な言葉を使っていたのでは、曖昧な考えにしかなりませんから、思考の精度が下がります。

言葉を自在に使えるようになるには、まず自分のなかで言葉の定義がなされる必要があるのです。

国語の試験では、ある程度長い文芸作品や説明文を読んで、主人公の気持ちや作者の考えを正確に「読み取る力」と、それを正しい言葉を用いて「伝える力」が求められます。

課題文を正確に読み取るには、使われている言葉を正確に理解する必要があります。正確に伝えるためにも、言葉の正確な理解は欠かせません。

定義がきちんと定まっている言葉を用いることで、自分との対話ができるようになり、考えを深め、人に情報を整理して正しく伝えられ、コミュニケーションが成立します。

辞書は、アウトプットのための言葉の定義力をつけてくれるもの。

高校、大学へ進学し、社会人になってからもずっと、人生で求められるコミュニケーションを支えるマストツールなのです。

＊ネット検索では補えない紙の辞書の利点

最近は、知りたいことをネットで簡単に調べることができます。私は、さっと知りたい情報はネット検索、じっくり調べたいときは紙を使った検索、それぞれのメリットを活かした併用検索をおすすめしています。

紙での検索はネット検索に比べて記憶に残りやすいと思います。指先にふれる紙の質感が脳を刺激してくれるからです。

紙をパラパラめくって知りたい言葉にたどりつき、そこに書いてある文章を読んで、「わかった」「そうなんだ」「じゃあ◯◯は？」と考えるきっかけをつくってくれます。

早い子なら5歳頃から、子ども用の辞書を自分で引けるようになります。

そのうえで、親がうまく言葉をかけてあげられると、いろんな言葉を自分で引いてみようという意欲が高まってきます。

たとえば、「河童の川流れ」。

これも、「か・っ・ぱ・の・か……」まで見て、「あ、載ってないよ」。「『河童』で調べてみたら？」とヒントをあげると、「こんなところに隠れてた！」と驚くわけです。

このような試行錯誤を通して語彙力が養われていきます。ネット検索では補えない利点です。

見出しのなかに派生語がある。近くに仲間の言葉が載っている。漢字辞典であれば、書き順がわかる。音読みと訓読みの違いがわかる……。

辞書の構造そのものが、語彙を増やし、正確な知識を子どものなかに植えつけていってくれる機能を持っています。

調べた言葉の前後にパッと目をやるだけで、似た音や姿の漢字や熟語が自然に目に入ります。

そこからまた、好奇心が刺激され、「『合羽』はポルトガル語って書いてあるよ」と、地図や地球儀でポルトガルを探すといった使い方ができたら、理想的ですね。

子どものタイミングにあわせて、幼い頃から辞書に慣れ親しませ、「辞書を開くと物知りになって、なんだか楽しい」と経験させてあげることが、お子さんの将来のアドバンテージになるのです。

3つを循環させて何倍もの学習効果を

＊「朱鷺《トキ》」を図鑑と辞書で調べ、「佐渡」から地図へ

図鑑、地図、辞書は特徴と役割が異なるものの、まったく別個で独立したものではありません。

この3つを組みあわせることで「学びの相乗効果」が得られて、知識の定着が強固になります。科目の壁を越えて、それぞれをからませることによって、将来に必要な学力の底上げ効果があります。

たとえば、「佐渡で朱鷺《トキ》の繁殖に成功」というニュースを見たとします。「繁殖」という言葉を辞書で調べたり、「佐渡」の場所を地図で調べたり、「朱鷺」を図鑑で調べるだけで、図鑑、地図、辞書の3方向から知識を増やすことができますね。

公園でタンポポを見かけ、家に帰って図鑑を見るようなシチュエーションでも、図鑑、地図、辞書へと親が意識的に会話を広げてみましょう。

たとえば小学館の図鑑ＮＥＯ『植物』では、それぞれのタンポポの生育地が日本地図上に示されていて、このページを開くだけで、カントウタンポポ、セイヨウタンポポ、エゾタンポポ、シナノタンポポ……など日本の地域名と、西洋という海外を示す言葉にふれることができます。

このように、**図鑑で植物や動物の知識にたくさんふれていることが、地域名を知るチャンスになる**というわけです。

ページを開いて一緒に眺めながら、「カントウタンポポはこのあたりに咲いてるんだね」などと解説文も読み上げてあげると、子どもが「カントウって何？」と聞いてくるかもしれません。

ここで、「まだ小さいから、地名はわからないだろう」と親が自制する必要はありません。情報を読んであげたり、図鑑と地図を併用する工夫をしてみるといいのです。

壁に地図が貼ってあれば、「このあたりのことだよ」と、ビジュアルで即座にエリアを示してあげることもできますね。

＊「自動運転」状態になれば、勝手に賢くなる

図鑑から地図、辞書へ。または、地図がきっかけで辞書、図鑑へ。そして辞書から始まって地図、図鑑へ……。図鑑と地図の間を行き来してもいいし、辞書と図鑑をセットで楽しんでもＯＫです。

3つのツールをぐるぐる使い回していくことで、子どもの地頭が耕されていきます。ぜひ、親子で日常の会話や遊びにどんどん取り入れて、これらと子どもをつないでいってあげてください。

残念ながら学校では、図鑑、地図、辞書の生きた使い方は教えてもらえませんし、使う楽しさもなかなか学ばせてはもらえません。これは、家庭だからこそ、そして、いつも子どもを見ている親御さんだからこそできることです。

ぐるぐる使い回しが習慣化されると、子どもは自分で図鑑、地図、辞書を開き、調べるようになります。そうなれば、自動運転のスイッチが入ったも同然ですから、あとは放っておいても大丈夫です。

このような習慣の積み重ねが、やがて「何?」「なぜ?」↓「調べてみよう」という勉強に直結したアクションにつながっていきます。それがさらに、「調べてみよう」↓「へぇ!」「おもしろい!」↓「もっと知りたい」「覚えたい」という知的な連鎖へと発展していきます。

親が一番心をくだきたいのは、いうまでもなく、自動運転状態になるよう、子どもと図鑑、地図、辞書をつないであげる環境づくりです。

学びのチャンスは日常生活のなかにあふれている

＊スーパーで買い物中も、道を歩いているときも…

ふだんの生活のなかで、図鑑や地図、辞書を開く機会をたくさんつくってあげてください。

先にもふれたように、テレビのニュースに地名が出てきたときに、すかさず「佐渡ってどこだろうね」と地図を見てみる。

公園で見かけた花について、家に帰って図鑑で調べてみる。本に出てきた知らない言葉を、一緒に辞書で探してみる……。

「これは図鑑（地図、辞書）を使う絶好のチャンス！」ととらえ、活かしてほしいのです。そうした小さな積み重ねが、後々大きな果実となります。

日常のいたるところに、そのチャンスはあふれています。

お店で買い物するときも、道を歩いているときも、乗り物に乗っているときも、図鑑、地図、辞書につながる入り口が必ずあります。

とはいえ、「絶対にチャンスは逃さないようにしなければ……」と、肩に力を入れる必要はありません。

親御さんも、毎日家事に育児に仕事にと忙しいもの。張り切りすぎては逆に続きません。

アンテナだけは立てておき、「あ、今チャンスかも」と思ったとき、声かけをしてあげてください。

＊「これって何?」攻撃を流してしまったお母さん

声かけの機会を親御さんのほうから意識的に増やしてほしいのですが、子どものほうから「これって何?」「どうして〇〇なの?」と聞いてきたら、それは最大のチャンスです!

以前、スーパーの惣菜売り場でこんな光景を見かけました。

お母さんが海苔巻きを選んでいたところ、4歳くらいの男の子が、「ねえ、お母さん、海苔ってどこでとれるの？」と質問したのです。そこから、こんな会話がなされました。

お母さん「海よ」

息子「ふーん。じゃあ、海苔はどうやってできるの？」

お母さん「だから、海のなかにできるのよ」

息子「……。（ふと何かに気づいた様子で）海苔って海藻なの⁉」

お母さん「う、うん、そう……かな？？」

息子さんの口から「海藻」という言葉が出てきたので、お母さんは少し驚いたのでしょう。結局、うやむやにしてしまいました。

これを聞いていて、私は「せっかくのチャンスなのに」と、とても残念に思いました。

おそらく、このお母さんは海苔が海藻だと知ってはいたのでしょうが、いざ聞かれると自信を持って答えられなかったのでしょう。子どもの問いかけをうやむやに終わらせてしまいましたが、**「正しい答え」を言う必要はない**のです。

親が物知りである必要はまったくありません。

このとき、もし、

「そう、海藻だよ。海で胞子を育てて養殖しているの。わかめやこんぶも同じように養殖でつくるんだよ」

と答えられたら、社会科のテストであれば満点でしょう。

けれども、子どもに対する声かけの場合、満点というわけではないのです。

＊「おもしろいね」「よく気づいたね」が魔法の言葉

ベストなセリフはこうです。

「え？　わかんない。おもしろそうだから、帰って調べてみよう」

これだけでいいのです。

親は先生ではないのですから、わからないものは「わからない」と言っていいのです。

子どもは「お母さん（お父さん）でもわからないことってあるんだ」と思うだけです。

むしろ、知っていることでも「わからない」と言ってほしいくらいです。「一緒に調べよう」という誘いかけが、より有効になります。

そして、「おもしろそう」というセリフがポイントです。

子どもに「お母さんも興味を持ってくれたんだ」と伝わります。

さらに、「知らないってことは、おもしろいんだ」と伝えることもできるのです。

そうすることで、子どもは自分の感覚に自信が持て、安心してもっと好奇心を広げていきます。

大切なのは、子どもの問いかけに答えることではなく、**問いかけを「キャッチする」**こと。

子どもが、「あの魚、どうしてあんなに大きいの？」と驚いていたら、「おもしろいよね〜！」。それだけで十分。

「おもしろいね」は、万能の声かけ。魔法の言葉なのです。

「なるほどね！」「本当だね！」も、同様のワードです。

「いいところ（おもしろいこと）に気づいたね」などもいいでしょう。

これは「こんなことに気づくなんて、あなたって頭がいいのね」と言っているのと同義。子どもの自己肯定感が高まり、どんどんやる気になります。

本物体験とのリンクで興味の幅が広がっていく

＊変わった鳥を見たら、家で図鑑を見る好機に

子どもの問いかけに、まずは反応すること。それが第一歩です。そこから、さらに一歩押し進めることができると理想的です。

さきの「海苔」の話のような場合、私なら子どもと一緒に、惣菜売り場から海苔売り場へ移動し、焼き海苔の袋をひっくり返して「原材料名」の箇所を子どもと一緒に見てみるでしょうね。

「『乾《ほし》のり』って書いてあるね。生の海苔を干して乾かしたんだね。どうやってつくるのか調べてみよう」

と言って、スマホを持っていれば、その場ですぐに調べて見せてあげたり、帰宅後に図鑑などで調べてあげるのもいいですね。

あるいは、鮮魚コーナーで生海苔を見せるのもひとつの方法です。

「え？　これが海苔なの？　ドロドロしてる！」

「海からとったままだからね。これがあの海苔になるなんて、不思議だよね」

このように、**本物を見せてあげることは、子どもの心を動かすポイント**です。


大切なのは、実体験とのリンクです。

たとえば、公園で変わった鳥を見かけたら、わざとこう言ってみてください。

「あの鳥を調べよう、よーく見て覚えておいて！」

すると、子どもはがぜん、やる気を出します。一瞬で視界から消えてしまう鳥や蝶以外にも、近づいてじっくり観察できる草木や、手に取れる虫なども観察対象としておすすめです。

図鑑を開いたとき、「何色だっけ？」「くちばしはどんな形だっけ？」と声をかけ、子どもが教えてくれたら「よく見ていたね」「すごい！」とほめてあげましょう。

鳥の種類を確認できることも、もちろん大切なのですが、図鑑などを介した親子の会話を楽しんでください。

＊旅行するから自然が好きになる。地名を覚える

ほかにも、博物館や天文台や美術館といった知的公共施設のほか、動物園や水族館や植物園などに出向いて本物にふれさせてあげましょう。

家に帰り、そこで見たものを図鑑で確認する。反対に、図鑑で見たものを確認しに、博物館や動物園に行く……。その繰り返しが知識を定着させ、子どもの好奇心をどんどん広げていくのです。

海や山などでの自然体験や、家族旅行などもいいですね。

磯遊びでカニやヤドカリを見つける。山登りで草木を間近に観察する。空気のきれいな場所に泊まり、満点の星空で星座を探す……。これ以上の学びはあるでしょうか。

そうした**実体験があると、図鑑に書かれていることもすべて生きた情報として入ってくる**のです。

地図にしても、実際に旅行に行くから興味や愛着がわいて地名を覚えられるものです。

「この間旅行した富山県はここだね」とあとから地図で探すとき、単に知識として富山県の位置を覚えるのとでは、記憶に残る度合いは全然違うでしょう。
なんといっても、そこには親子で過ごした楽しい思い出が刻まれています。

＊おばけ好きから危険生物好き、そして生き物博士に

こうして本物体験とリンクしながら、少しずつ少しずつ子どもの興味関心の幅を広げていくと、気づいたら「ずいぶん遠くまできていた！」ということになるものです。

ある男の子は5歳の頃、おばけなど怖いもの好きの延長で「危険生物」に興味を持ちました。危険生物とはワニやタランチュラといった猛獣や毒のある生き物のことなのですが、最初はそのジャンルの本ばかり見ていました。

が、やがてそこから爬虫類・両生類全般、魚全般、動物全般へと興味を広げ、7歳の今ではすっかり生き物博士です。

恐竜が好きで、そこから化石に興味がわき、さらには鉱物へと関心を広げていった子

もいます。

私の子どもは小さい頃から大の電車好き、新幹線好きでした。そこから新幹線の駅名を覚え、壁に貼ってある地図のなかから駅を発見しては大喜び。同時に「静岡県ってすごいよ！　駅が6つもあるの」などと県の名前、形も覚えていきました。

3年生の今では大人も顔負けの地理の知識を持っています。

スタートは、おそらくピンポイントだと思います。動物が好き、車が好き、花が好き、かわいいものが好き、妖怪が好き……。

けれども、それは広い世界に続く重要な扉です。

たとえ今お子さんの興味のストライクゾーンが狭くても、気にする必要はありません。**好きなものがあることは、それだけで大チャンス**です。そこを足がかりに、少しずつ広げていけばいいのです。

おそらく1年もしたら、「うちの子、すっかり物知りになったわ」と思うことでしょう。

親御さんのちょっとした声かけ次第です。

「これが好きなら、これもどう?」と、ゆっくりお子さんの世界を広げてあげてください。

同時に、そうやって世界を広げていくことを、親御さん自身も一緒に楽しんでください。

先の生き物博士の男の子のお母さんも、「爬虫類は気持ち悪くて嫌いだったけれど、息子につきあっているうちに、だんだんかわいくなってきた」と言っていました。

子どもと一緒に、親自身も成長する。世界を広げていく……。

これほどすばらしいことはありません。

第3章

「図鑑」で
どんどん
知識が増える

どんな図鑑を選べばいい？

＊まずは図書館で自由に選ばせて

「わが子にどんな図鑑を買ってあげればば？」と迷ったら、近所の図書館へ足を運んでみてください。どんなスタイルにしろ、多岐にわたるジャンルが揃っています。

図鑑は、絵本や一般書籍と異なり少々値が張ります。しかも、書店の図鑑コーナーで中身を見ることができるのは数種類。封をしてあるので、すべての図鑑を読めるわけではありません。また、大判で重いのも難点です。

そこで、まずは図書館で、親子で一緒に眺めるというところから入りましょう。まだ図鑑にふれたことがないお子さんに対して、親御さんにできる最初のかかわりは、**たくさんの図鑑を実際に見せてあげる**ことなのです。

動物、星座、乗り物……いろんなジャンルがあるけれど、「うちの子、何が好きなんだろう？」というときこそ、どんどん図書館で図鑑にふれさせてあげるといいですね。

このとき、子ども自身の手で好きなページをめくらせ、好きなところから読ませてあげると、図鑑好きになっていきます。

ただし、図書館には最新の図鑑は置いていなかったり、付属のＤＶＤは貸し出し不可だったりします。図書館の本で子どもが図鑑になれたら、書店に行き、気に入ったものを試しに1冊購入してみるといいでしょう。

＊「最近○○に関心があるな」を見逃さない

親はついつい、「パッと図鑑を開いた瞬間に、子どもがワッと食いついてくれたらうれしい！」と淡い期待を抱いてしまいます。

しかし、そんな奇跡のような現象はそうそう起こりません。

子どもの学びのシステムは「心が動いて↓頭が動き出す」流れになっています。「おもしろい！」「好き！」と心が動いてから、「これはどうなっているんだ？」「知りたい！」

と頭が動き出します。

ポケモンや妖怪ウォッチのキャラクターをあっという間に覚えられるのは、「おもしろい！」を原動力に何度も情報にふれ、勝手に頭にインプットされているからです。反対に、心が動かなければ、まったく頭に入ってきません。

「図鑑を開く」↓「子どもの心が動く」ではなく、**「子どもの心が動いた！」↓「そこへ図鑑を放り込む！」という流れ**です。

「昨夜、テレビを観ながら、妙にカエルに反応していたな」「最近、宇宙に関心が出てきたみたい」という、子どもの小さな変化はとても大事です。

こうした子どもの心が動いたタイミングで、「図鑑を見てみよう」と誘うことができたら、「奇跡」も起こりやすくなります。

だからこそ、わが子の様子をリビングで観察していてください。よく見ていると、どんな子どもにも「今だ！」というタイミングがやってきます。

「いる・いらない」を親の感覚で判断しない

＊書店で昆虫図鑑を「ほしい」とねだる女の子

以前、書店の図鑑コーナーで、「昆虫の図鑑がほしい！」とねだっている女の子がいました。お母さんは、「うそでしょー!? なんでそんなのほしいの？ やだ、お母さん気持ち悪いよ」と、戸惑いを隠せない様子でした。

しぶしぶながらもレジへ向かってくれましたが、このお母さんのように「女の子は自然科学系の図鑑などほしがらない」と思い込んでいる方は少なくないように感じます。

それを裏返すと、「うちは女の子だから、図鑑に親しませるのは難しいのでは」とお考えの親御さんがたくさんいるということです。

たしかに、男の子は知識を広げ蓄えることに喜びを感じる傾向があり、女の子は体験を通して体感を得ることや、感情を表現することに関心が向く傾向があります。

ただ、みんながみんな、図鑑を愛読して「○○博士」になる必要はありません。

大切なのは、**さまざまな分野に関する知識が満載で、きれいに分類されている図鑑という書物があること、その書物を見ると知りたいことが調べられて知識が広がるということを、家庭環境のなかで伝えていく**ことです。

今の図鑑は非常によくできています。衣食住から自然科学に関心を持たせる工夫など、日常のあらゆるできごとから図鑑の世界へ入っていけるよう、入り口が用意されているのです。

だからこそ、「一緒に見てみようか」と、親子で図鑑を開く経験が大切になってきます。「うちの子は、これは嫌いだろう」「女の子だから必要ないよね」と、お子さんが図鑑にふれる前に、親御さんの感覚でジャッジしないようにしたいものです。

爬虫類の図鑑を開いて熱心に眺める３歳の女の子。

＊同じジャンルで何冊もほしがったら大チャンス

もうひとつ気をつけてほしいことがあります。

これはとくに男の子に多い傾向ですが、同じジャンルの図鑑を何冊もほしがることがあります。たとえばA社の図鑑シリーズの「魚」を買ったのに、後日、B社の「魚」もほしがり、さらにC社の「魚」もほしがる……といった具合です。

親御さんからすれば、「1冊あるんだから、もう十分じゃない」と思うでしょう。けれども、子どもにとってはそれぞれ全然違うのです。

子どもは必ず図鑑を見比べます。そして、「どっちにも（魚の）『オジサン』が載ってる」とか、「こっちの図鑑のモンハナシャコのほうが色がきれい」などと言い出します。

これはすごいことです。**共通点と相違点を発見するのは、学びの原点。**もうこれだけで、一段階賢くなっています。

同じようなものを子どもがほしがるときは、絶好のチャンスなのです。ですから、ぜひ気のすむまで揃えさせてあげてください。

「ずっとこればかりなのも……」という心配はご無用。そこが突破口となり、やがて関心の幅も広がっていきます。「飽きるまでやらせる」のも大切なのです。

少しずつステップを踏んで図鑑の世界へ

＊いきなり本格的なものを与えても拒絶するだけ

どの図鑑を選ぶかは、本人の興味のおもむくままでかまいません。ただ、関心の方向がはっきりしなかったり、親御さんもあまり図鑑を使ったことがないという場合、どこから手をつけたらいいか、何らかの基準がほしいですね。

今回、ありとあらゆる図鑑に目を通しました。子どもの興味を引く工夫の施された図鑑の多さに驚嘆すると同時に、いくつかに分類できることがわかりました。

それは「昆虫」「植物」「宇宙」などの分野別のことではなく、自然科学や世の中のしくみに対する子どもの「親しみ度合い」別といったらいいでしょうか。

これまであまり自然や世の中のことに関心を持っていなかった、ふれてこなかったという子に、いきなり細かい情報の載った図鑑を渡しても、拒絶するだけでしょう。

そこで「やっぱりうちの子は、こういうことには関心がないのね」「向いてないんだ」とあきらめてしまうのは、あまりにもったいないし、子どもにも失礼なことです。

単に「慣れ」の問題なのです。

泳げない人が、いきなり海での遠泳はできません。まずは水中に潜る練習から徐々に泳ぎを覚えていくものです。図鑑についても、**少しずつステップを踏む**のが大切です。


本書では、3つのステップに分けてみました。

最初のステップは「慣れる」です。自然科学の世界を楽しめる絵本や写真絵本をご紹介します。まずはここからです。

次は「楽しむ」。いよいよ図鑑に入ります。そして、最後は「深める」。ある程度マニアックなものもご紹介。ここまできたら、もう物知り博士です。

ところで、この区切りは年齢とイコールではありません。「うちの子はもう8歳だから、2番目の『楽しむ』図鑑から入るべきでは？」などということはないのです。

お子さんの年齢が何歳であろうと焦りは禁物。イチから始めてあげてください。

＊小さい子には「これも図鑑」

さて、1～2歳など、まだお子さんが小さい場合には、最初のステップの本でも難しいこともあるでしょう。実は、小さい子向けの本のなかにも、「これも図鑑の一種でしょう」という本がたくさんあります。

たとえば、左の『こどもずかん』。名前もズバリ「ずかん」ですが、ここに並んだ「もの＋名前」は知識を広げていくための情報の基本。図鑑のしくみも根本的には同じです。

あるいは、『1、2、3 どうぶつえんへ』などは、数の概念や足し算を学べる絵本です。私の子どもはこの本で数字好きになりました。

ほかにも、野菜や果物が主人公の絵本では、その形状や成り方を知ることができます。

動物の写真絵本も、良書がたくさん出ています。以下にいくつかご紹介します。

いずれも、読み聞かせで楽しみながら、「世界には楽しいこと、すばらしいものがいろいろあるんだ」と、子どもに自然と気づかせることができます。それこそが**自然科学への入り口**なのです。

0さい〜4さい
こどもずかん 英語つき

よしだ じゅんこ／絵、
デイブ・テルキ／監修
学研　950円

「どうぶつ」「のりもの」「からだ」など、子どもが好きなジャンル別に名前や形をイラストで紹介。「これな〜んだ？」「どれがいい？」などと親子で会話しながら言葉が増える。

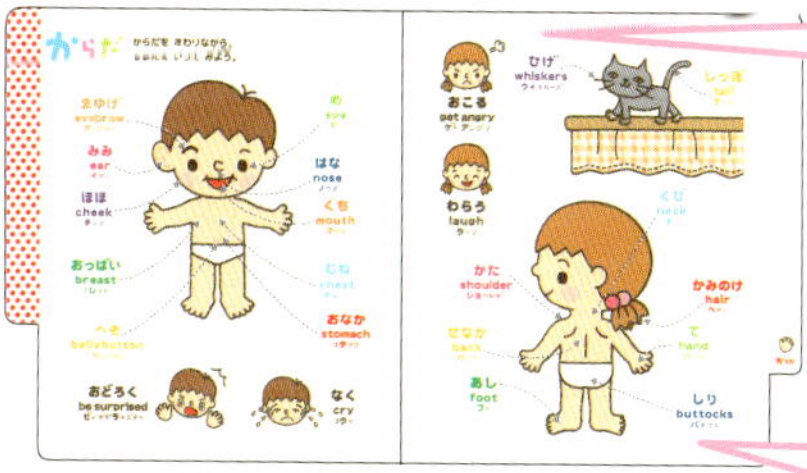

声かけ例

おこった顔、みーせて。
じゃあ、わらった顔は？

声かけ例

○○ちゃんのおしりは、
どこ？

1、2、3 どうぶつえんへ

エリック・カール／作
偕成社　1,200円

楽しみながら数の概念や足し算を学べる文字のない絵本。ページをめくるたび「ゾウが1匹、カバが2匹…鳥が10羽」と、汽車に動物たちが乗り込んでくる。どんどん増えていく様子が楽しい。

楽しむポイント

各車両のどこかに小さなネズミが隠れているので、「どこにいるかな？」と一緒に探してみてもいいですね。

※シリーズものについては、掲載書の著者名、価格等を記しています。
本書に掲載されている書籍の価格はすべて本体価格(税別)です。

やさいさん

tupera tupera ／作
学研　950 円

目鼻口が描かれたやさいさんが「すっぽーん！」と登場する非常にリズム感がいいしかけ絵本。野菜の葉の形や実のつけ方などの違いに目を向けても楽しい。

はじめてであう いきものの ふしぎ
このあしだあれ？

ネイチャー＆サイエンス／編
河出書房新社　1,300 円

さまざまな動物の本物サイズの足の裏を集めた写真絵本。不思議な足の形から動物への興味が広がる。シリーズには、ほかに『うーん、うーん、うんち！』など。

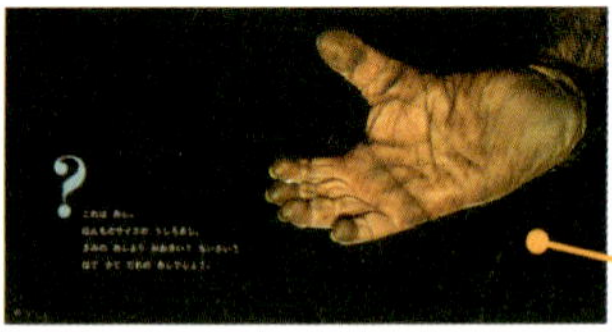

声かけのポイント
「いろいろあるね」と言葉をかけるだけで、知的好奇心の幅が広がります。

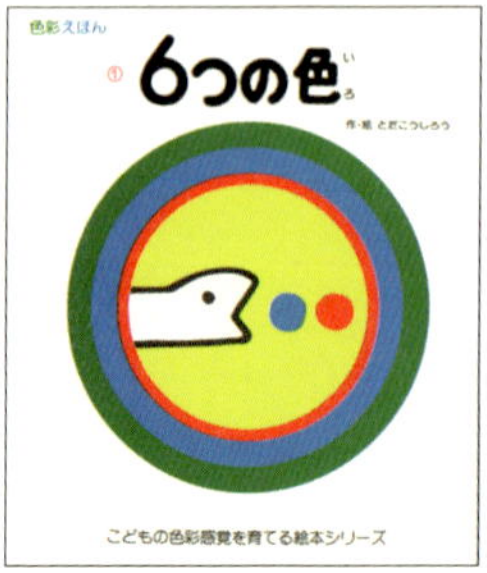

6つの色

とだ こうしろう／作・絵
戸田デザイン研究室　1,100 円

色の組みあわせがわかり、色彩感覚が育つ絵本。赤・青・黄の３原色があり、赤と黄で“オレンジ”、赤と青で“紫”となることが物語的に表現されている。

1から100までのえほん

たむら たいへい／作・絵
戸田デザイン研究室　1,600円

愉快なお話を読みながら、1から100までの数を実際に数えて覚えることができる絵本。コアラをはじめ、20以上の動物が登場。指をさしながら数を確認したくなる。

リングカード
どうぶつ

とだ こうしろう／作・絵
アン・ヘリング／英語監修
戸田デザイン研究室　2,000円

絵と文字で学ぶカード型の学習絵本。カードの表にはイメージ絵、裏には答えとなる言葉が。厚手の紙でできているので、何度も繰り返し使える。

小学館の図鑑NEO 本物の大きさ絵本
原寸大　すいぞく館

さかなクン／作、松沢 陽士／写真
小学館　1,500円

サメやシロイルカ、ハリセンボンなど、水中で暮らす生き物たちの姿を本物の大きさで紹介した迫力満点の写真集。それぞれの特徴をわかりやすい言葉で楽しく紹介。

声かけ例

この穴で息をするんだって。

声かけ例

大きな口！　食べられちゃいそうで、こわいね。でも大丈夫。ジンベエザメは人を食べないから。

「慣れる」…まずは絵本から

今から図鑑デビューする子や、図鑑に見向きもしない子たちの関心を図鑑に向けるには、「おもしろい！」と思ってくれる本かどうかがポイントです。

たとえば『たのしいキリンのかいかた』は、動物園にいるキリンやライオン、ゴリラを家で飼うという楽しい設定の本です。

元動物園園長さんが監修しており、実はとても真面目な本。「ライオンはおしっこを飛ばすのか」「ラクダは飼いやすいんだね」などと、情報が多彩で想像と会話がふくらみます。楽しんでいるうち、知らぬ間に動物にとても詳しくなっています。

ほかにも、「ふしぎいっぱい写真絵本」シリーズは、写真がどれもユニークです。解説本ではなく物語的に構成されているため、読んでも眺めても飽きません。

この**「慣れる」のステップでは、親のかかわりがとくに不可欠**です。絵本を読み聞かせてあげる感覚で、楽しみながら読んでいきたい自然科学系の本をご紹介します。

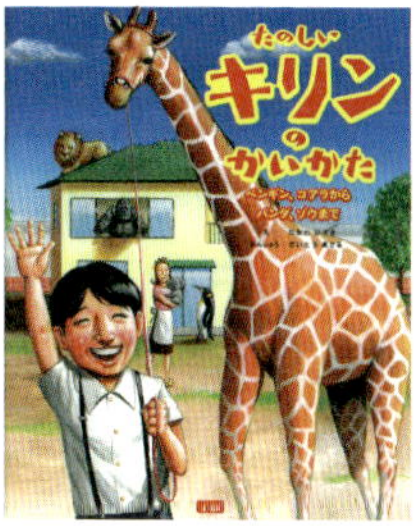

たのしいキリンのかいかた
ペンギン、コアラからパンダ、ゾウまで

田川 秀樹／絵、齋藤 勝／監修
学研　1,400 円

キリンやライオンなどを家で飼えたら…。そんな夢をかなえる絵本。ゴリラに歯磨きを教えたり、ペンギンとお風呂に入ったり。飼い方を通して動物の生態を学べる。学校を舞台にした『たのしいクジラのかいかた』も。

声かけ例

玄関を開けたらライオンがいるの!?　こわーい。

声かけ例

ライオンのおしっこ、スプレーみたいに飛ぶんだって。後ろにいると危険だね〜。

ふしぎいっぱい写真絵本
シリーズ（じゅえきレストラン）

新開 孝／作・写真
ポプラ社　1,200 円

アップで写された写真が迫力満点の写真絵本シリーズ。本書では、カブトムシやチョウなど、さまざまな虫たちの樹液を吸う様子や、おしっこする姿、交尾の様子などを紹介。自然界の食物連鎖についても描かれている。シリーズには、ほかに『むしをたべるくさ』など。

はっけんずかんシリーズ（のりもの）

西片 拓史／絵、大山 昌夫／監修
学研　1,980 円

低年齢から楽しめる図鑑シリーズ。本書では、車や電車、飛行機など、乗り物の魅力をイラストと写真で紹介。しかけを開くと、運転席や客席がのぞけたり、構造がわかったり…。

声かけ例

○○ちゃんの好きなポンプ車だよ。

声かけ例

救急車のなかって、こうなっているんだね〜。

人体絵本
めくってわかるからだのしくみ

ジュリアーノ・フォルナーリ／作、加藤 季子／訳
ポプラ社　2,000 円

体の内部のしくみと働きを、リアルなイラストと「しかけ」を使って解説した絵本。「むね」のしかけをめくると、胸骨、ろっ骨、筋肉が現れて…。体の奥までよく見える。

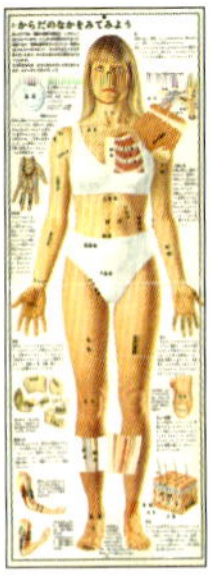

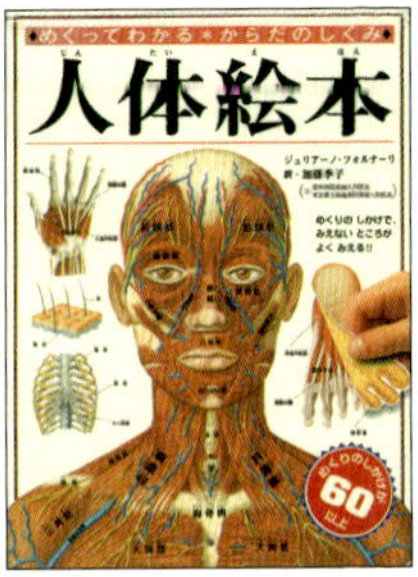

※1

※2

ちいさなかがくのとも かがくのとも たくさんのふしぎ

福音館書店　389 〜 667 円

子どもたちに身近な植物、動物、現象などを、科学的視点からわかりやすく解説した月刊誌。「ちいさなかがくのとも」は2歳、「かがくのとも」は4歳くらいから読み聞かせできる絵本。「たくさんのふしぎ」は小学生くらいから。

※3

※ 1：『ぴったりこん』（「ちいさなかがくのとも」2016 年 3 月号）小野寺 悦子／作、池谷 陽子／絵
※ 2：『エスカレーターとエレベーター』（「かがくのとも」2016 年 3 月号）小輪瀬 護安／作
※ 3：『家をせおって歩く』（「たくさんのふしぎ」2016 年 3 月号）村上 慧／作

ひろった・あつめた
ぼくのドングリ図鑑

盛口 満／作・絵
岩崎書店　1,400 円

大きい、小さい、丸い、細いなど、いろいろな種類のドングリを精細なイラストで紹介。ボウシの形の違いや、ドングリの中身など、身近だけど知らなかった発見もできる。

楽しみ方のポイント
公園で拾ったドングリが載っているかを親子で調べるのも楽しいです。

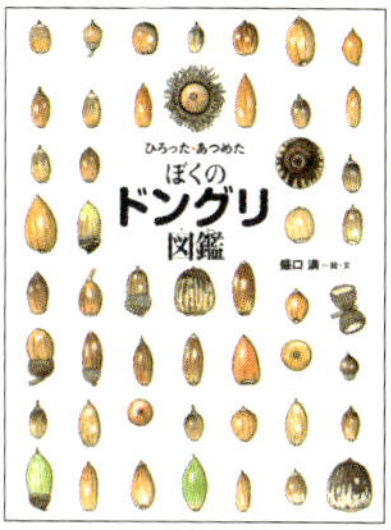

ライフタイム
いきものたちの一生と数字

ローラ・M・シェーファー／作、クリストファー・サイラス・ニール／絵、福岡 伸一／訳
ポプラ社　1,500 円

「キリンの編み目模様はいくつある？」「タツノオトシゴのオスは一生のうち何匹の赤ちゃんをおなかで育てる？」…。生き物たちの一生に隠された数の不思議が楽しい。

冒険！発見！大迷路
恐竜王国の秘宝

原 裕朗＆バースデイ／作・絵
ポプラ社　1,300 円

人気の迷路シリーズ。恐竜だけでなく古代生物も出てくる。細密で楽しい絵。迷路は集中力、推理力、空間認識力を養うのにも最適。

世界のどうぶつ絵本

前田 まゆみ／作
あすなろ書房　1,600 円

アフリカ、アジアなど大陸別に、代表的な動物 130 種を紹介。やさしいタッチのイラストで描かれており、図鑑の写真やリアルな絵だと怖い子も安心して読める。解説は本格的。

しぜんにタッチ！ シリーズ
（ぎゅうにゅうだいへんしん！）

古島 万理子ほか／写真
中山 章子／料理・監修
ひさかたチャイルド　1,200 円

牛から搾られたミルクがバターやチーズなどの食品に加工されていく様子を写真で紹介。身近な食品の変身ぶりがおもしろい。シリーズには、ほかに『ゆきのかたち』など。

せかいは なにで できてるの？
こたい、えきたい、きたいのはなし

キャスリーン・ウェドナー・ゾイフェルド／作、ポール・マイゼル／絵、ながのたかのり／訳
福音館書店　1,300 円

物質には、固体、液体、気体の３つの種類があるということを、水を例に出してわかりやすく説明した科学絵本。「なぜ牛乳で靴下がつくれないんだろう？」などの素朴な疑問が学びのきっかけに。

はじめてのうちゅうえほん

てづか あけみ／絵、斎藤 紀男／制作協力、的川 泰宣／監修
パイ インターナショナル　1,800 円

「宇宙って何？」そんな子どもの素朴な疑問に答えてくれる。地球や月、太陽系の関係などを、かわいいイラストとやさしい言葉でわかりやすく解説。

へんないきものすいぞくかん
ナゾの１日

松橋 利光／写真、なかの ひろみ／作
アリス館　1,600円

ダイオウグソクムシやオニヒトデなど、珍しい生き物の１日を観察日記のように写真で紹介。細部まで趣向が凝らされ、小さい子も楽しめる。水族館に行きたくなる。

水中の小さな生き物けんさくブック

『水中の小さな生き物けんさくブック』編集委員会／作・編、清水 龍郎／監修、室木 おすし／絵
仮説社　2,200 円

ミジンコなどの小さな生き物を観察する本。めくりやすいファイリング形式。QR コードから生き物の動画が見られ、自然にふれながらその場で理解を深める体験が可能に。

星の王子さまとめぐる
星ぼしの旅

縣 秀彦／作
河出書房新社　1,800 円

星の王子さまと一緒に宇宙を旅する写真絵本。太陽、地球、銀河系、ブラックホールや星が生まれる場面などを解説。「宇宙の果ては？」といった疑問に答えてくれる。

さわって学べる算数図鑑

朝倉 仁／監修
学研　2,200 円

図形や足し算、分数まで、「めくってわかる」算数図鑑。たとえば六角形は６つの三角形でできていて、開くと星形になることが体感でわかる。就学前から算数に親しむアイテムとして。

仕掛絵本図鑑
動物の見ている世界

ギヨーム・デュプラ／作、渡辺 滋人／訳
創元社 2,400 円

猫や牛、鳥や昆虫などの目に、世界はどのようにうつっているのかをイラストで表現した視覚絵本。動物の目についたしかけをめくると、そこには動物の見ている世界が広がる。

「楽しむ」…図鑑を遊びつくす

自然科学の世界に慣れてきたら、次はいよいよ本格的に図鑑と親しむ「楽しむ」のステップです。

図鑑といっても種類はいろいろ。大きく3つのタイプに分け、それぞれ解説します。

①「ザ・図鑑」タイプ

「動物」「植物」「宇宙」などジャンル別に分かれた、「これぞ図鑑」タイプ。「図鑑」といえば、まずこのタイプの図鑑が思い浮かぶのではないでしょうか。

「学研LIVE」や「講談社MOVE」「小学館NEO」といったシリーズが、出版社ごとに発刊されています。

子どもの関心が強いジャンルを、まずは1冊手元に置いて、親子で眺めてみましょう。

②「Q&A」タイプ

子どもの「なぜ？」「なに？」「どうして？」に答えてくれるQ&Aタイプの図鑑。たとえば『よのなかの図鑑』や『からだふしぎ図鑑』など。

「なぜ子どもは学校に行くの？」「どうしてうんちはくさいんだ？」といった身近な生活の疑問に答えてくれます。

身のまわりの事象から、子どもが「なぜ？」と考えるための気づき方や調べ方が、コンパクトかつ丁寧に説明されているのが、このタイプの図鑑のなによりの魅力です。

親御さんががんばって考えたり、内容をふくらませようとしなくても、親子で一緒に眺めているだけで、「なぜ？」「へぇ、そうなんだ」「おもしろい！」が、子どものなかに自然に起こるしかけになっています。

③「ビジュアル百科事典」タイプ

幅広いジャンルを網羅したビジュアル百科事典タイプの図鑑。

関心の矛先が幅広く向いている子には、見応えのあるビジュアル百科事典的な図鑑をおすすめします。

反対に、先の「ザ・図鑑」タイプを受けつけない子も、こちらのタイプなら楽しめるというケースもあります。

『ZOOM大図鑑』や『こども大図鑑』は、アート感覚で想像力をふくらませてくれ、大人でも十分楽しめます。

＊おもしろそうなところだけ見るのがポイント

よくお母さん方に質問されるのは、「図鑑をどうやって見たらいいのかわからない」ということです。図鑑はもともと男の子のものというイメージがあり、子どもの頃あまり見たことがない、なじみがないというお母さんも多いことでしょう。

まじめに考えることはありません。図鑑は楽しめればいいのです。以下の2点を押さえれば、子どもは必ず図鑑に惹きつけられます。

・ビジュアルを見て楽しむ

イラストや写真がふんだんに使われているのが、図鑑の一番のメリットです。**親子で**

一緒に眺めて、思ったことを口にするだけでOKです。

「この蝶々、きれいな模様だね」「わあ、このお猿さん、おもしろい顔！」「やっぱりサメは迫力あるねえ」と親子で大いに盛り上がってください。

Q＆Aや百科事典タイプの図鑑でも、まずは写真やイラストだけを見て、「これは〇〇だね」と会話をするところから入ってみましょう。

あるご家庭では、お子さんが生き物の図鑑を持ってきてページを開き、「お母さん、（この写真のなかで）どれが好き？」と聞くそうです。「そうね、これが好き。あなたは？」と聞くと、嬉々として指差し、ずっと「好きなものを見つけごっこ」が続くのだとか。

そんなふうに、「どれが好き？」と聞いて遊ぶだけでも十分です。

そうやって何度も図鑑を開くうち、だんだんと子どものほうから「ここを読んで」と情報部分に関心を持つようになってきます。

・子どもが興味を持ちそうなところだけを楽しむ

以前、こんな相談を受けたことがあります。

4歳のお子さんが「お母さん、これ読んで！」と、恐竜の図鑑を持ってくるとのこと。「図鑑を読んでと言われても……」「一字一句全部読み上げていったら大変だし……」と、お母さんは困っていました。

「読むからには、ちゃんと読んであげなければ」と、まじめなお母さんはきっと思ってしまうことでしょう。けれども、その必要はありませんし、そもそも**子どもの「これ読んで」は「一緒に遊んで」と同じ**です。コミュニケーションを求めているのです。

「アンキロサウルス。アンキロサウルス科。体長約9m。白亜紀後期……」などと読んだところで、子どもはすぐに飽きてしまうだけです。

冒頭のページから順に、紙面の隅々まで読み上げる必要はありません。

子どもが興味を持ったところだけ見ましょう。あるいは、親から見て、子どもが食いつきそうなところだけ一緒に見ます。「○○ちゃんの好きなトリケラトプスはどこかな？」などと探してみるのもいいですね。

自分の生活になじみのあることに対しては、性差を問わず食いつきやすいものです。たとえば、「おなら」「うんち」など身体に関することや、自分の好きなものに対しては関心を持ちやすいです。

そうしたことが載った図鑑をまずは選ぶというのも手です。

なにはともあれ、子どもの関心にあわせて見ることが大切です。

関心が薄れてきたかなと思ったら、おもしろそうな別のページに移動しましょう。しっかり読ませようとして「生息地はどこ?」「爬虫類と両生類は、このように違ってるのよ」などと親がうるさく声をかけてしまうと、子どもは図鑑嫌いになってしまいます。

子どもが自分で図鑑を開くようになったら、自由に読ませてあげましょう。

次ページから、さらに詳しい見方をご紹介していきます。

1 「ザ・図鑑」タイプ
「見比べる」楽しさ満載

ザ・図鑑タイプの本は、特徴や詳しい情報を、いろいろな角度から紹介したつくりになっています。情報量が多く、知的満足を与えてくれます。

情報が整理されているので、実体験や映像などを見たあとに、気になったことを確認して知識として落とし込むツールとして最適です。

実際の大きさ、生息地、えさの種類など、細かい情報が端的にまとめられており、「このウサギは大きいけど体重は軽いね」「一番小さいウサギはどれ？」などと話を広げていくことができます。

まずは写真を楽しみましょう。

声かけ例

キタナキウサギは体長 11.5 ㎝だって。オグロジャックウサギの耳の長さよりも小さいよ！

声かけ例

夏と冬で毛の色が変わるんだ～。

ここに注目！

図鑑を使うときに冒頭の「この本の使い方」に目を通しておくだけで、子どもの疑問に対する答え方や、親御さん自身の情報の拾い方が変わります。

声かけ例

オグロジャックウサギの耳は20cm もあるんだって。定規で見てみよう！

声かけ例

「シベリア」や「モンゴル」に住んでいるんだ〜。どこか地図で調べてみよう！

ウサギのなかま(ウサギ目)

ウサギのなかま

ウサギのなかまは、長い耳、大きな後ろあし、短い尾が特徴です。全世界に約70種が分布します。草や小枝、葉などを食べる草食動物で、肉食動物におそわれることが多く、にげるために速く走ることができます。ナキウサギのなかま（ナキウサギ科）とウサギのなかま（ウサギ科）に大きく分けられ、ナキウサギのなかまの方がより原始的です。

…ワタオウサギ。長く大きな後…とびはねるように走ります。

ウサギの耳の能力

ウサギの長い耳は、遠くの物音を聞くことができます。音がする方へ、左右の耳をべつべつに動かして、危険がせまっていないか、いつも警戒しています。

また、耳にはいくつもの血管があみの目のようにはりめぐらされています。敵からにげるために全力で走るときは、耳を立てたまま、耳に風を当てています。こうすることによって、耳の血管を通る血液が冷やされて、体温が上がりすぎるのを防ぎ、長い時間走り続けることができるのです。

ウサギのなかで、最も長い耳のジャックウサギ

地下のトンネルを巣にするアナウサギの耳

160 豆ちしき ウサギの耳は、進化したものほど長く、ノウサギ、アナウサギ、アマミノクロウサギ、ナキウサギの順に短くなっていきます。

ナキウサギ、ウサギ…

アメリカナキウサギ AMERICAN PIKA
ナキウサギ科 体長15.7〜21.6cm 尾長0cm 110g 北アメリカ 草、葉、花など 岩の多い草原や森林などにすんでいます。

オグロジャックウサギ BLACK-TAILED JACKRABBIT
ウサギ科 体長46〜63cm 尾長5〜11cm 4kg 北アメリカ北部 草など 大型のウサギで、耳は20cmもの長さになります。草原で、日中は草むらにひそみ、夜に活動します。

カンジキウサギ SNOWSHOE HARE
ウサギ科 体長41.3〜51.8cm 尾長3cm 小枝、木の葉、草など 針葉樹林に1頭ですんでいます。天敵はカナダオオヤマネコです。

ニホンノ…
ウサギ科…
草、木の…

豆ちしき ウサギのなかまは、食べた植物を長い盲腸で半分消化したものを一度…

声かけ例

うさぎって、こうやって走るんだ！

ポイント

コラムや欄外には、興味深い話題が多数紹介されています。

声かけ例

カンジキウサギの「カンジキ」ってなんだろう？辞書で調べてみよう！

学研の図鑑 LIVE シリーズ（動物）

今泉 忠明／監修
学研　2,000 円

情報量が豊富。くまなく網羅されており、解説もしっかり。「動物」では、スマホをかざすと動画が見られる（要アプリ）。シリーズ内の「危険生物」は男子に人気。

小学館の図鑑 NEOシリーズ（魚）

井田 齊、松浦 啓一 ほか／監修
小学館　2,000円

情報量たっぷり。ドラえもんが案内するDVDは親しみやすい。「魚」は随時に入る魚の生態解説ページもおもしろい。シリーズ内には「野菜と果物」「科学の実験」なども。

©藤子プロ・小学館・テレビ朝日・シンエイ・ADK

ポプラディア大図鑑 WONDAシリーズ（両生類・爬虫類）

森 哲、西川 完途／監修
ポプラ社　2,000円

掲載数を抑え、理解に重きを置いた構成。ひとつひとつの写真が大きく、カメならカメ、カエルならカエルがじっくり見られる。解説もていねい。図鑑入門として幼児から。

講談社の動く図鑑 MOVEシリーズ（恐竜）

小林 快次、真鍋 真／監修、講談社／編
講談社　2,000円

印象的な写真を多用し、ビジュアルに訴えるつくり。眺めるだけで楽しい。NHK制作のDVDも見応えあり。「恐竜」は化石の写真が豊富。博物館に行きたくなる。

Do! 図鑑シリーズ（冒険図鑑 野外で生活するために）

さとうち 藍／作、松岡 達英／絵
福音館書店　1,600円

野外活動や日常生活で必要なこと、楽しみ方を精密なイラストで解説。『冒険図鑑』では、天気図の読み方、かまどのつくり方、草花での遊び方などを紹介。試してみたくなる。

column　ポケット図鑑はこう使う

図鑑は本物体験とのリンクが大切です。自然や動物園、博物館に行き、帰ってから「こんな生き物がいたね」「今日見たのと同じだね」と図鑑を開くと、知識はいっそう定着します。

とはいえ、子どもの「あ、おもしろい」「これって何だろう？」のチャンスを逃さずつかむには、その場でページを開くのが一番。

しかし、重たい図鑑を持って外出するのは現実的ではありません。そこで便利なのが、ポケット図鑑です。新書サイズで、まさしくポケットに入れられるくらいの大きさ、軽さです。

たとえば下の『自然観察』を持って、散歩に出かけてみましょう。よく見かけるけれど名前を知らない鳥、植物を調べるのに最適です。「あ、あの鳥はくちばしがオレンジだから、ムクドリだね」「この花はセイタカアワダチソウというんだね」と、見慣れた近所が発見に満ちた場所に変わります。

よく水族館に行くなら「魚」、動物園が好きなら「動物」、星空を眺める機会が多いなら「星と星座」……といったように、行動にあわせて1冊持ち歩くようにすると重宝します。

コンパクト版なので、情報量は通常の図鑑よりは少なくなりますが、携帯するのが目的ですから、十分役目を果たしてくれます。

いつでもどこでも見られるように、ぜひ1冊、カバンに忍ばせ、とことん使い倒してください。

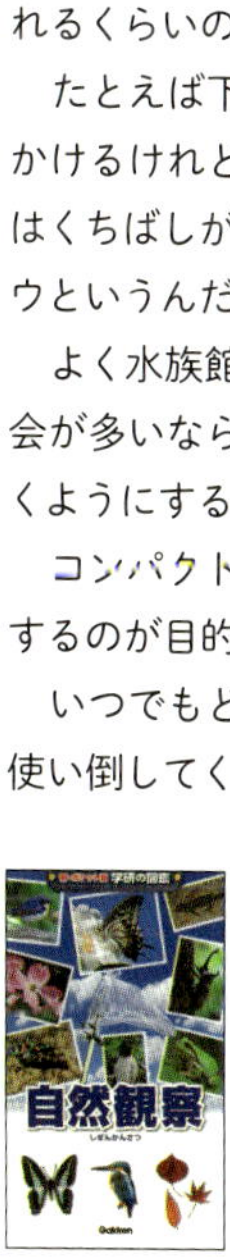

新・ポケット版 学研の図鑑シリーズ（自然観察）

学研　960円

「自然観察」は野山や公園、川、海などに分け、それぞれでよく見られる生き物や植物を掲載。携帯して自然観察に出かけよう。ほかに「雲・天気」「水の生き物」など。

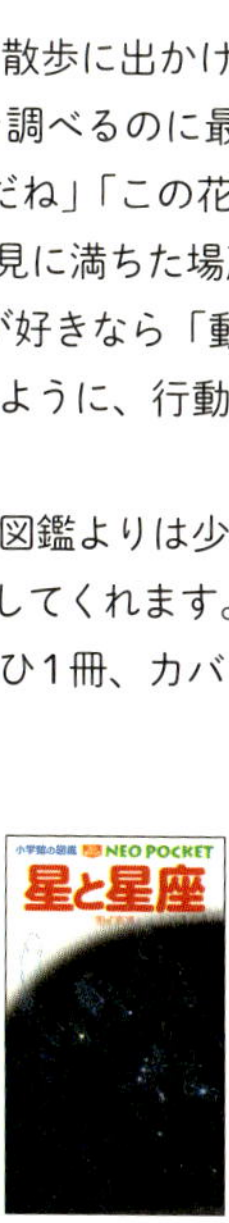

小学館 NEO POCKET シリーズ（星と星座）

小学館　950円

付録に「星座早見」があって便利。これを持ってベランダから天体観測、旅先にも。ほかに「海辺の生物」「植物」「恐竜」など。

2

「Q&A」タイプ　身近な疑問で興味がわく

Q&Aタイプの図鑑は、幼い子どもが感じる疑問を取り上げ、それに答えるつくりになっています。

「うんちはなぜ茶色いの?」「空はなぜ青いの?」など、シンプルなテーマを入り口に本格的な内容をかみくだいて解説してくれます。

ただ、子どもが疑問に関心を示してくれないときがあります。その場合には紙面の素材を使って、身近な事象につなげて言い換えてあげましょう。

たとえば、卵を温めた経験のない子どもに、「おみせの たまごを あたためれば ひよこは うまれる?」という疑問は、なかなか理解することができません。

子どもの理解レベルにあわせて「卵を温めるってわかる?」や、生活につながるように「昨日食べたゆで卵は温めた卵だけど、ひよこさんは生まれなかったね」などの声かけをしてあげましょう。

声かけ例

鳥の赤ちゃんは、卵からうまれるんだよ〜。

声かけ例

卵とニワトリは白いけど、ひよこと黄身は黄色だね。なんでだろ？

声かけ例

さっき食べたケーキ、今、どのあたりかな？

声かけ例

おへその下あたりに腸があるんだって。さわってみよう。

声かけ例

鳥のうんちはどうして白いんだろうね？

小学館の子ども図鑑 プレNEO シリーズ
楽しく遊ぶ学ぶ（ふしぎの図鑑）

白數 哲久／監修
小学館　2,800 円

子どもが暮らしのなかで感じる素朴な疑問に答えたQ&A形式の図鑑シリーズ。本書では、「いきもの」「しぜん」「からだ」「たべもの」「せいかつ」の5ジャンルから集めた身近な不思議に、写真や絵を交えてわかりやすく回答。

楽しむポイント

Q&A形式の図鑑は、子どもから聞かれて困ったときに役立つ情報がいっぱいです。子どもから「なぜ？」攻撃を受けたときは、図鑑の項目から適当な答えを探してみましょう。

チャイルドブックこども百科
からだふしぎ図鑑

黒川 叔彦／監修
ひさかたチャイルド／チャイルド本社　1,800円

「食べものは、どうやってうんちになるの？」など、子どもの身近な疑問から体のしくみを解説。おもしろい写真が多く、文章もわかりやすくて図鑑入門におすすめ。

声かけ例

関節って本当に逆に曲がらないのかな？

声かけ例

ほら、骸骨だよ。○○ちゃんも、お肉をとったら、こうなっちゃうんだよ～。

小学館の図鑑 NEO+ぷらす
もっとくらべる図鑑

加藤 由子、馬場 悠男、小野 展嗣、川田 伸一郎、福田 博美／監修　小学館　1,900円

比べて違いを知ることは学習の基本。動物や乗り物を一緒に並べ、大きさや重さを比べるなど、自分の物差しの幅が広がる。1作目の『くらべる図鑑』も。

講談社の動く図鑑 WONDER MOVE
生きもののふしぎ

上田 恵介／監修
講談社　1,900円

「地上最強決定戦」「道具の達人」など、テーマごとに生き物たちの不思議な能力を解説。迫力のある写真が並ぶ。エンタテインメント性が高く、眺めていて飽きない。

「Q&A」タイプの読み物

自分から図鑑を開く機会が増え、図鑑に限らず読書全般が習慣づいてきたら、『たのしい！かがくのふしぎ　なぜ？どうして？』のような、文章がメインの「読み物タイプ」の本を見せてあげるのもいいでしょう。

ただし、図鑑と比べると、ビジュアルが減るので、子どもの関心を引く要素が減ってしまいます。子どもが関心を示してくれないときは、親御さん主導で読み聞かせの時間をもうけて、積極的に楽しい雰囲気を演出してあげましょう。

楽しむポイント
大人が読んでも、「へぇ～」と感心するところがたくさんあるので、子どもと一緒に楽しみたいですね。

たのしい！かがくのふしぎ
なぜ？どうして？シリーズ
1年生、2年生、3年生、4年生

高橋書店　800円ほか

人気の「なぜ？どうして？」シリーズ。生き物から食べ物、宇宙まで、わかりやすい文章で不思議を解説する。楽しいイラスト満載。4年生まである。

ジュニア空想科学読本シリーズ

柳田 理科雄／作、藤嶋 マル／絵
KADOKAWA　660円

「タケコプターが本当にあったら空を飛べる？」『赤ずきん』のオオカミの大きさは？」など、アニメや物語に登場する「空想科学」な事象を科学的にまじめに検証したシリーズ。まじめなのに、ばかばかしい世界にハマる子が続々。

©Rikao Yanagita/Maru Fujishima

好奇心をそだて考えるのが好きになる
科学のふしぎな話 365

日本科学未来館／監修
ナツメ社　2,300円

宇宙や自然、からだなどの10ジャンルから、「血はどうして赤いの？」など、子どもの身近な疑問に答える科学の話を365円ぶん集録。1日1テーマなので読み聞かせに最適。

親子で楽しむ！
わくわく数の世界の大冒険入門

桜井 進／作、ふわ こういちろう／絵
日本図書センター　1,500円

主人公の少年が仲間と数の宝島を目指して冒険する。その道中で数の不思議を学んでいく物語。イラストや図解で楽しく読める学習絵本。

3

「ビジュアル百科事典」タイプ

見応えたっぷり

ビジュアル百科事典タイプの図鑑の最大の特徴は、幅広い情報を網羅していることに尽きます。どこからでもかまわないので、ペラッとページをめくって、おもしろそうな紙面を見つけたら、美しい写真やイラストを眺めるだけで十分です。

開く回数は少ないかもしれませんが、得られる情報の多様さは、他のタイプの図鑑と比べ物になりません。置いておくことに価値がある図鑑です。

なんでも！いっぱい！
こども大図鑑

ジュリー・フェリスほか／編、米村でんじろう／日本語版監修
河出書房新社　4,743円

自然から生き物、科学、宇宙まで幅広いテーマで構成。けれども決して難しくはなく、美しい写真を見るだけで楽しい。幼児でも思わず気になって眺めてしまうものばかり。

ZOOM 大図鑑
世界に近づく、世界を見わたす

マイク・ゴールドスミス、スーザン・ケネディほか／作、伊藤 伸子 訳
化学同人　3,800 円

あるものに近づいて拡大して見ると、違う世界が見えてくる…。自然や人体、宇宙や歴史など 8 ジャンルから一コマ切り取り、写真や図を使って、そのものの全体像を紹介。

声かけ例
トゲだらけの前足に捕まったら逃げられないよね。こわーい。

楽しむポイント
前ページの一部にズームインした本のつくり。ページをめくるたびに「こんなところに!?」と新たな発見がある。

声かけ例
カマキリの眼は数百個のレンズでおおわれているんだって。

キッズペディア
こども大百科 大図解

小学館／編
小学館　3,600 円

掃除機や携帯電話、車や機械、建物など、ふだんよく見かける物の内部の仕組みを見ることができる本。精密な透視図や分解図などを使ってわかりやすく図解。

声かけ例
どうやって空気とごみを分けているんだろう？

楽しむポイント
子どもが機械のなかを見たがったら、思いきって開けて、なかを見せてあげると最高です。

声かけ例
台風くらいの強い力で吸い込んでいるんだって。

「深める」……いよいよ物知り博士に

最後は、「深める」の段階です。図鑑のおもしろさがかなりわかって、好きなジャンルもはっきりしてくると、子どもは自分からどんどん図鑑を開いて読み始めるようになります。そこまできたら、もう一歩踏み込んだ図鑑にも手を伸ばしてみましょう。

おすすめは、大人向けの図鑑。たとえば『世界で一番美しい元素図鑑』は、元素が何かわからなくても、美しい写真を眺めるだけで楽しめます。『骨から見る生物の進化』は、動物の骨格の写真集。「ゾウの頭の骨はこんなふうになっているんだ」など、驚きと発見があります。

「子どもだから大人用はわからない」のではなく、**「子どもだからこそ本物にふれると感性を揺さぶられる」こと**もあります。

図書館では、大判写真集コーナーや生物、植物、鉱物、医学関係など専門分野の棚に揃っています。書店でも同様です。

世界一うつくしい昆虫図鑑

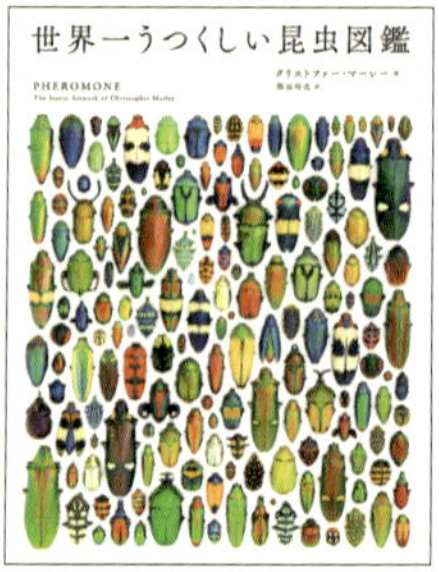

クリストファー・マーレー／作、
熊谷 玲美／訳
宝島社　3,800 円

昆虫アート作品を制作するアーティストによる美しい昆虫の写真集。著者が世界各地で採集した色鮮やかな昆虫たちが整然と並ぶ様は圧巻。自然のままの色の美しさに釘付け。

へんな生きもの へんな生きざま

早川 いくを ／作
エクスナレッジ　2,800 円

生き延びるためにヘンに進化してしまった生き物を、おもしろおかしく解説した読む写真集。世界には不思議な興味深い生き物がたくさんいることに驚く。

「もしも？」の図鑑
恐竜の飼い方

群馬県立自然史博物館／監修
実業之日本社　900 円

人気のシリーズ。もし恐竜を飼ったら…という、夢ふくらむ設定。それぞれの恐竜に飼いやすさの星数、飼い方が載っている。エサをあげたり背中に乗ったり、空想が広がる絵も。

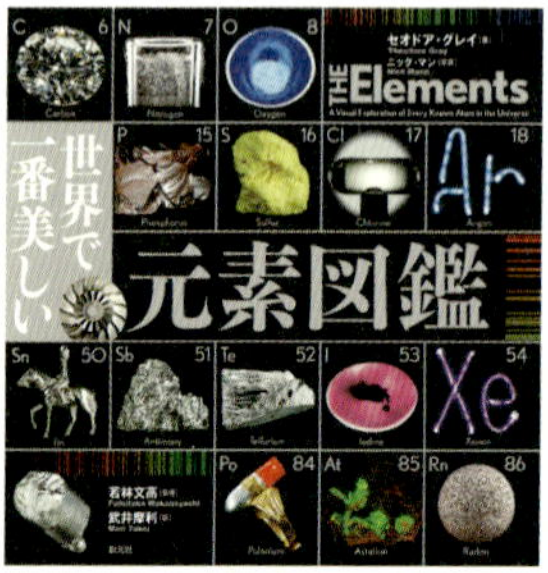

世界で一番美しい元素図鑑

セオドア・グレイ／作、ニック・マン／写真、若林文高／監修、武井摩利／訳
創元社　3,800 円

118 個の元素を美しい写真で表した元素百科。左ページには純粋状態の元素の写真、右ページにはその科学的データや用途、使用例を紹介。元素の意外な使われ方も。

楽しむポイント
四つん這いになったり、骨格のポーズをまねしてみるのも実感があって楽しいです。

骨から見る生物の進化（普及版）

J・ド・パナフィユー／作、パトリック・グリ／写真 、グザヴィエ・バラル／編、フランス国立自然史博物館／協力、吉田春美／訳、小畠 郁生／監訳
河出書房新社　3,900 円

動物たちの美しい骨格の写真集。眺めているだけで楽しい。生き物の生態を理解するには、骨から入るといい。なぜイルカやクジラが哺乳類か骨格を見れば納得。

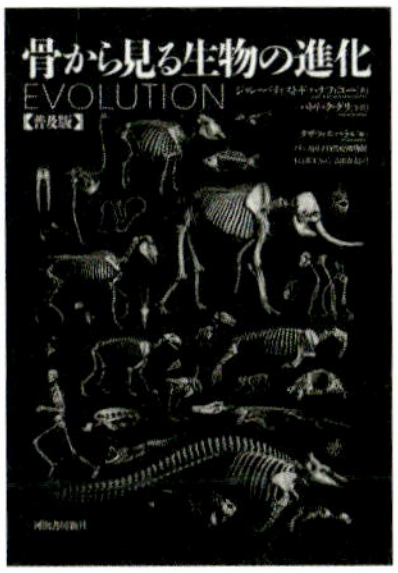

その道のプロに聞く
生きものの持ちかた

松橋利光／作
大和書房　1,500 円

イヌやネコ、カブトムシやバッタなど身近な生き物から、タランチュラやワニまで、さまざまな生き物の正しい「持ち方」を、その道のプロに聞いた本。試してみたくなる。

ギネス世界記録 2016

クレイグ・グレンディ／編
KADOKAWA　3,056 円

人の身長の世界最高は2.53m。世界で最も高い建物は、ドバイにあるバージュ・ハリファ828m…など。驚きの世界一がぎっしり詰まった本。

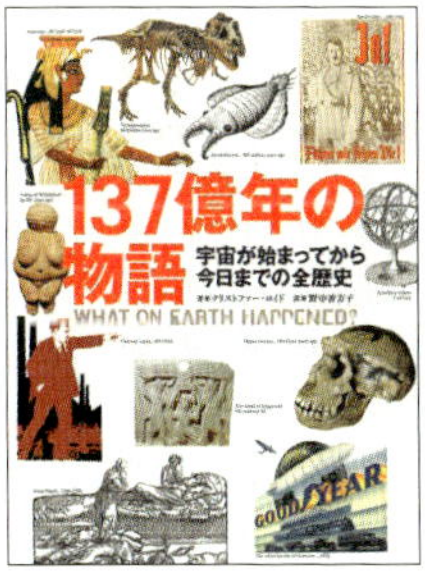

137 億年の物語
宇宙が始まってから今日までの全歴史

クリストファー・ロイド／作、野中 香方子／訳
文藝春秋　2,990 円

ビックバンから 3・11 に至るまでの壮大な歴史を、文系・理系双方のさまざまな視点から徹底解説。ハイレベルな内容だからこそ「本物の教養」にふれることができる 1 冊。

入試に出る動物図鑑

Z会指導部／編
Z会　900円

中学入試向けの参考書は、受験しなくても有益なものが多い。昆虫から魚、爬虫類、鳥、哺乳類まで、それぞれの生き物の凝縮された情報が掲載。辞書的に使える。

自分で家族で健康チェック！
聴診器ブック

桐生 迪介／作
日本実業出版社　2,300円

医師が使うのと同様の聴診器が使い方ガイドとあわさった本。「自分の心臓の音を聴いてみたい！」。そんな夢を叶えてくれる。より進化したDVD付『聴診器ブック Extra』も。

名探偵コナン 実験・観察ファイル
サイエンスコナン
解明！ 身のまわりの不思議

青山 剛昌／作、川村 康文／監修、
金井 正幸／まんが
小学館　850円

身のまわりのさまざまな38の不思議をコナンが解明。血液やおならなど体の不思議から、星や太陽など科学の不思議、冷蔵庫や電子レンジなど家電の不思議まで幅広く網羅。

？に答える！ 小学理科
教科書の基礎から入試対策まで
小学３～６年

高濱 正伸／監修、学研／編
学研　3,000円

小学理科の全内容が辞書的にまとめられている。「フェーン現象って何？」など疑問を持ったとき、索引から引くと便利。イラストや写真満載、読み物としてもおもしろい。

朝日ジュニア学習年鑑 2016

朝日新聞出版／編
朝日新聞出版　2,300円

年度版として毎年出される子ども向け年鑑。その年のニュースから人口や産業などの統計まで網羅されている。解説も豊富。統計は図やグラフを読み取る力が育つ。

第4章

「地図」で
みるみる
世界が広がる

何はともあれ日本地図をリビングに貼るべき理由

＊何度も目にするうち47都道府県が頭のなかに

地図として、本章で取り上げたいのは、平面の「日本地図」と、立体の世界地図である「地球儀」です。

まずは日本地図から見ていきましょう。

日本地図は地図、ひいては社会科の基本である――。それはどなたも賛同することだと思います。実際、そのとおりです。

日本列島のあの形、都道府県の位置関係が頭に入っているかどうかは、地理の問題はもちろんのこと、歴史の問題にもつながってきます。社会科が苦手という子は、たいてい日本地図でつまずいているものです。

日本地図を貼るのは、もちろんリビングです。

子どもが長い時間過ごす場所にあれば、1日のうち何度も目にすることになります。その結果、自然と日本の形、都道府県を覚えていくのです。

また、テレビから流れてくる情報にあわせて会話につなげやすくなります。子どもも気になったことがらがあると、無意識に地図に目をやるようになり、ボーッと見ているように見えて、知らず知らずに知識がインプットされていきます。

お子さんが何歳でも、それこそ0歳からでも早すぎることはありません。

「しっかり覚えさせなきゃ」と考える必要はないのです。大切なのは「何度も見ること」「見慣れること」です。そうすれば、うっすらとでも記憶に残ります。

学校で地理の勉強が始まってから47都道府県の名称と場所を覚えようとしても、一気には限界があります。でもそこで、47のうち3分の1でも頭に入っていれば、覚える作業がはるかにラクになりますね。

スタートが早ければ早いほど、苦手意識や何の先入観もなく情報をキャッチできるので、スポンジが水を吸収するように知識がどんどん頭のなかに入ってくるのです。

＊子どもの目線の高さにあわせて貼るのが大切

貼る位置を決める際のポイントは、子どもの目線です。リビングに貼るときは、いつも座っているソファの位置から見やすい壁やテレビの横の壁など、子どもの目線が行きやすい場所を探してください。

このとき、子どもの目線の高さにピッタリくるようにします。私は、子どもの座り位置に座ってみてシミュレーションし、子どもの成長にあわせて数センチ単位で貼る位置を変えていました。

また、**子どもだけが一方的に地図を見る形ではなく、親子で一緒に見て会話ができるところに貼ることも大切**です。ダイニングテーブルの近くに貼る場合、親子が並んで座るなら、二人の正面に。向かい合って座るなら、左右の壁に。

そして、定期的に貼る位置や貼る内容を変えたり、わざとはがし、数日あけてまた貼ったりしてみます。リビングの風景が変わると、子どもは新鮮さを感じ、自然に貼ってある地図にまた目をやるようになります。

まずはシンプルな地図を1枚用意

＊県名だけの地図から徐々にレベルアップ

壁に貼る地図は、学習ポスターがおすすめです。紙も丈夫で、汚れがすぐに拭ける加工がされています。

選ぶポイントは、できるかぎりシンプルなものであること。都道府県の位置関係を覚えるのが目的ですから、県名と県庁所在地が書いてあれば十分です。ひらがなで書かれているか、ふりがなが振ってあるものを。

また、**都道府県が色分けされているものがいい**でしょう。「学習ポスター 日本地図」（くもん出版）や「なるほどｋｉｄｓ はっておぼえるにっぽんちず」（昭文社）がおすすめです。「なるほどｋｉｄｓ～」は、お風呂に貼るタイプですが、室内でも使えます。

年齢も上がり、都道府県の位置関係がだいたいつかめてきたら、レベルアップしてみましょう。

小学校中学年向きだと、山脈や平野などの地形がリアルに表現され、地名の確認がしやすいものになっています。特産品や伝統工芸も載っているなど、情報量が一気に上がります。

立体型カレンダーは、地形の起伏がわかりやすい。

さらにおすすめなのは、山脈や平野などの地形が触ってわかる立体地図です。「レリーフ日本地図立体型カレンダー」（トラストシステム）は、日本地図が立体型になっており、地形の起伏がよくわかります。

とても軽量なので、画びょうなどで壁に貼って普通の壁掛け地図としても実用的です。

地形の起伏がわかると、「この山から吹き下ろされたのが、からっ風になる」といった、各地の気候や風土も理解しやすくなります。

＊お風呂にも貼って入浴タイムを学習空間に

学習ポスターは、お風呂に貼るタイプが多く出ています。リビングにかぎらず、浴室も絶好の学習空間です。狭いため、子どもの目線が行きやすいのがメリットです。座って体を洗うとき、正面にくる位置はどこか。立って体を流すときはどこか。**子どもの動作を観察しながら、地図の位置を微調整**していきます。

壁に地図が貼ってあれば暇つぶしになるだけでなく、子どもの知的好奇心を刺激するチャンスをつくれます。

「明日、お父さんは長野に出張なんだ」

「長野ってどこ？」

「ここだよ！」と、地図を的にして水鉄砲で射撃。

もちろん、子どもも真似して撃ちたがります。最初は地図で学ばせようなどと考えず、手軽な遊びから入ればいいのです。

こんなちょっとした経験で、子どもの頭に「長野」がインプットされます。

たまたまニュースで「長野」という言葉が耳に入ると、ピン！と反応し、うまくいけば、お風呂で見た日本地図を思い出し、長野県の位置や自分が住んでいるところとの位置関係を覚えていく助けになります。

狭い空間でひとりになれるトイレも、貼る場所としておすすめです。

どうせボーッと過ごすのだったら、トイレの時間を学びの時間に変えてしまうのも手です。

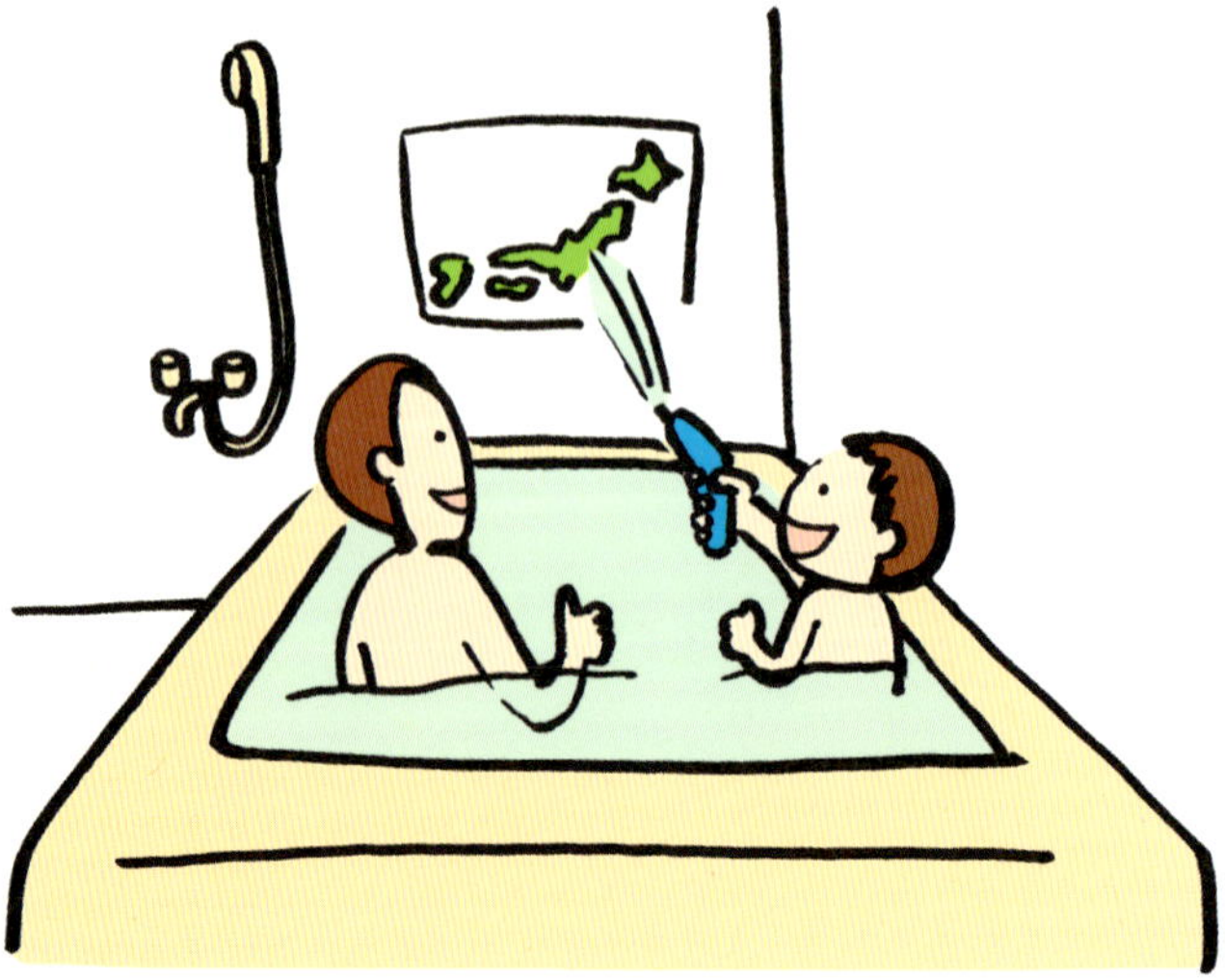

貼っただけでは風景に!? 地図を見ずにはいられないしかけ

＊親戚の家や球団名、食材の産地…地名を探す

「リビングに地図を貼ったから大丈夫」と安心していては、単に「貼ったまま」で終わってしまうので要注意です。貼った地図が風景と化してしまわないよう、貼り方の工夫を重ねるとともに、親からのかかわりや声かけが欠かせません。

「貼ったまま」で終わらせないためには、文字どおり**「貼ったまま」にしない**ことです。

小さいうちは、子どもが実生活のなかで実感が持てる地名や地域を地図で教えてあげることから始めます。

「夏休み、いとこの○○ちゃんがいる新潟に行こうね」

スポーツ好きなら、「広島カープの本拠地はここだよ」「ガンバ大阪の大阪ってどこだっ

け？」という具合に、遊びながら地図で県の位置を確認してみればいいのです。

食材の産地も地図と関連させやすいツールです。「今日のお魚はどこの海で獲れたんだろうね」とパックの表示を見て、「長崎って書いてあるよ。随分遠くの海で泳いでたんだね」と、地図で位置や距離感を教えてあげることもできます。

日常のなかで地図とからむ材料はたくさんあります。家族の話題のなか、テレビのニュースなどから材料を拾いまくってください。

子どもの関心はどこに向くかわかりませんが、さまざまな情報から地理的な方向へつなげようという意識を親が持っておくと、子どもは意外に関心を示すものです。

地図に印をつけていくのもおすすめです。テレビを観ていて、「山形県にくらげの水族館があるんだって！」と子どもが関心を示したら、「地

図の山形県のところに『くらげ』って書いてみよう」と、どんどん書き込ませていきます。字が書けないうちはシールを貼るのもいいですし、親が書いてあげてもけっこうです。自由に落書きさせ、メモ代わりに使ううちに、「もっと調べてみようか」と自然に地図帳と併用できるようになります。

＊子ども新聞もおすすめ

テレビのニュースや情報番組は、話題のきっかけを次々と提供してくれます。小学校に入る頃には、子どももだんだん社会に興味を持ち始めます。子供向け番組だけではなく、ぜひともニュース番組も一緒に見たいものですね。毎日目にする天気予報の地図も、大いに有益です。

また、新聞もいいものです。数字好きの私の息子は、新聞の株価や円ドル相場の欄を眺め、「昨日より○円上がってる！」などと言っては喜んでいます。

今は子ども向け新聞も充実しています。**時事ネタをキャッチしながら、地理の知識を**

定着させるのに役立ちます。

おすすめは『読売KODOMO新聞』。オールカラーでビジュアル重視の新聞です。サーカス団の記事をトップページに載せたり、ハロウィンやクリスマスのイベント特集を組むなど、小さい子でも興味が持てる紙面づくりになっています。写真やイラストがたくさんあるので、年長さんくらいになれば、十分楽しめます。

親子で一緒に眺め、「これってなんだろうね」「おもしろいね」と会話してみます。そのなかで、地名が出てきたら「地図で見てみよう」という流れになれば最高です。

子ども新聞を親子で見ながら会話するのも楽しい。

遊ぶうちに日本地図が大好きになるアイテム

＊絵本やパズルを楽しんで勝手にインプット

この項では、さらに日本地図に親しむためのアイテムをご紹介したいと思います。

『1日10分でちずをおぼえる絵本』は、すべての都道府県が車や魚などの絵になっている、とても楽しい本です。「てんぐの形は秋田県」など、直感的に覚えられます。

この本を同時並行で使い、壁に貼った日本地図で「車の形はどこだったかな？」とクイズを出すと、子どもは大喜びして考えます。

また、日本地図パズルもおすすめです。全都道府県の47ピースでできており、純粋にパズルとして楽しめます。

こうして遊ぶうち、日本地図は勝手に頭のなかに入ってくるでしょう。

地図の知識を増やすためには、開いて調べる「地図帳」の存在も欠かせません。

貼るタイプの地図は、日本の形や県の形を「ビジュアルとして覚える」「視覚的にインプットさせる」ことを目的としています。

一方、地図帳などの開いて調べるタイプの地図には、貼るタイプの平面地図には書かれていない都市名や山河名、地形などが詳しく載っています。

このタイプの地図は、「地図の読み方を身につける」「実生活で使えるようになる」ことを目的としています。

現代は、どこに行くにもネット検索で一発です。知らない土地へ行っても、車にはナビがついていますし、国内はおろか海外でも何の心配もなくなりました。

ひと昔前には、車のなかに必ず1冊地図が積んであったものですが、最近は積んでいる人のほうが少ないでしょう。

こんな**「地図帳っている？」な現代こそ、地図帳を「読める」ようになることは大きな差に**なります。

地図は遊びながら覚えるのが一番。

木製パズル日本地図

学研　3,000 円

都道府県が 47 のピースに。地方ごとに色分けされ、直感で埋めていけるのがいい。楽しみながら自然と日本地図が頭に入る知育アイテム。何回でも遊びたい。

ここに注目！

ピースを握ると、県ごとの大きさや形の違いがはっきりと頭に残るのも魅力。

都道府県かるた

臼井 忠雄／監修　学研　1,000 円

地図パズルをしていると、各都道府県の形がだんだんわかってくる。あわせてこちらを。「8 軒（県）もおとなりさんがいる長野県」など読み札も特徴が表現されている。

地図記号かるた

大野 新／監修　学研　1,000 円

記号や名称などなかなか覚えられないものは、カルタがおすすめ。楽しく遊んでいるうちに自然と覚えられる。地図記号が代表例。読み手に回っても記憶定着に役立つ。

はじめての にほんちずえほん

たづか あけみ／絵、赤澤 豊／監修
パイ インターナショナル　1,800 円

日本各地の地形、特産物、建造物などを、ポップなイラストで紹介した地図絵本。山の高さや川の長さを比べてみるなど、日本という国について楽しく学べる。

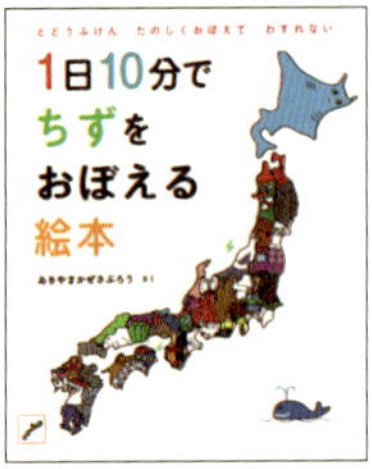

とどうふけん たのしくおぼえて わすれない

1日10分で ちずをおぼえる絵本

あきやま かぜさぶろう／作
白泉社　1,800円

47都道府県の形に動物・乗り物などいろいろなものをあてはめた絵本。青森県はエビ、秋田県は天狗…と本当にそう見える。楽しみながら日本地図を覚えてしまう。

声かけ例

「えい」の形は？
…北海道だね！

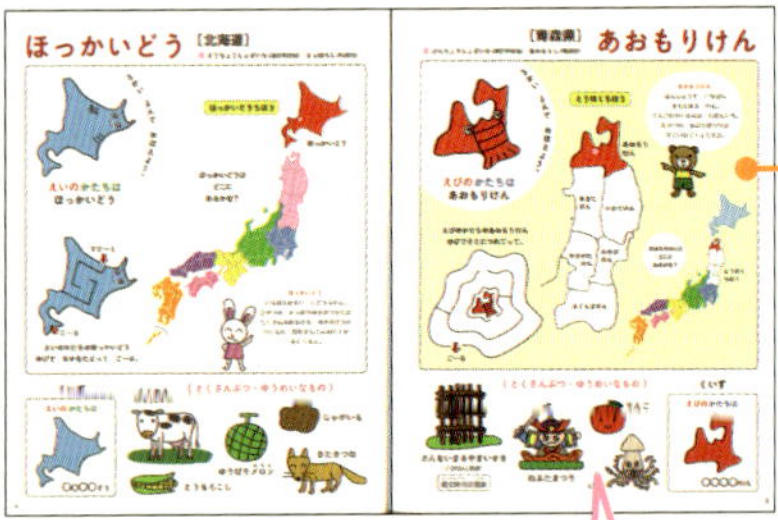

楽しむポイント

県の形、特産物など、子どもの食いつきがよい特徴を使って、県をあてっこしても楽しめます。

声かけ例

「ねぶたまつり」って、どんなお祭りだろう？

めくってはっけん

にほんちずえほん

わたなべ ちいこ／絵
学研　1,800円

地方ごとに各土地の特産物や名所などをイラストで紹介。しかけを開くと、ライチョウが夏毛から雪毛に変わったり…。めくるしかけで楽しく日本を学べる本。

©EPOCH
©藤子プロ・小学館・テレビ朝日・シンエイ・ADK

どこでもドラえもん 日本旅行ゲーム5

エポック社　3,980円

すごろくゲーム。日本地図上の地名がマスになっている。県庁所在地や名産が自然と頭に入る。世界地図バージョンも。家族や友達と一緒に遊びたい。

ここに注目！
新幹線の路線も覚えられるので、先々の知識にもつながります。

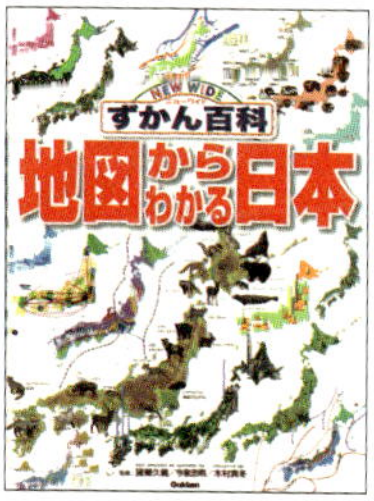

ニューワイドずかん百科
地図からわかる日本

今泉 忠明 ほか／作
学研　2,000円

地形から日本を理解する本。日本列島が地球上のここにあるために、こういう気候になる。こういう風土に、交通に…。それが一本で見え、まさしく社会科と理科の融合。

日本一の写真集

PIE BOOKS／作・編、アフロ／写真
パイ インターナショナル　1,800円

出雲大社のしめ縄、周囲の木が白く凍りついた摩周湖、荘厳にそびえ立つ日光杉など、幻想的な写真が並ぶ。その土地への興味がわき、日本の美しさを実感できる。

ここに注目
地域に関するデータをビジュアル化したグラフや表と、地図をあわせて理解する力は、将来必要になるので、遊び感覚で見慣れておくと、先々ラク！

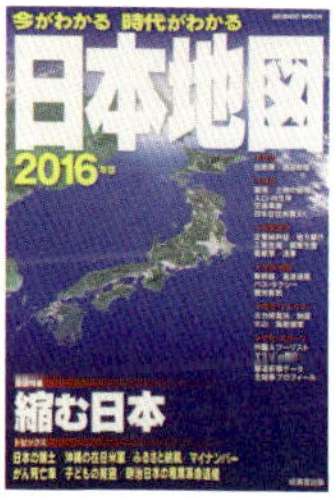

今がわかる 時代がわかる
日本地図 2016年版

成美堂出版編集部／編
成美堂出版　1,600円

地図とデータが合体したタイプの情報本。前半では、政治や経済、環境やスポーツなどの最新データをビジュアル解説。後半では、日本全域の地図を掲載。

でる順 小学校まるごと
暗記ポスターブック

旺文社／編
旺文社　1,200円

日本地図や世界地図はもちろんのこと、理科や国語、算数の暗記ポスターも入っている。お得なパッケージ。お風呂では使えない。社会科は日本史年表なども。

新幹線のたび
～はやぶさ・のぞみ・さくらで日本縦断～

コマヤスカン／作・絵
講談社　1,500 円

青森に住む主人公はるかが、お父さんと一緒に新幹線を乗り継いで、鹿児島に住む祖父母のもとを訪れる話。詳細に描かれた地形と美しい風景から、その土地の特徴を楽しめる。

楽しむポイント
南下するにつれて、季節が冬から春へと変わっていく様子も楽しめます。

声かけ例
真ん中の大きな湖は浜名湖だよ。うなぎが有名だよ。

声かけ例
右上に富士山が見えるね。

地図で知る
日本こども図鑑

昭文社 出版編集部／編
昭文社　2,000 円

自然、スポーツなどの身近なテーマから、さまざまな事柄をカラー写真やイラストで紹介。「一番貯金の好きな都道府県は？」など、都道府県対抗のランキングは子どもに人気。

楽しむポイント
地図クイズがつくりやすいので、親子遊びにも向いています。

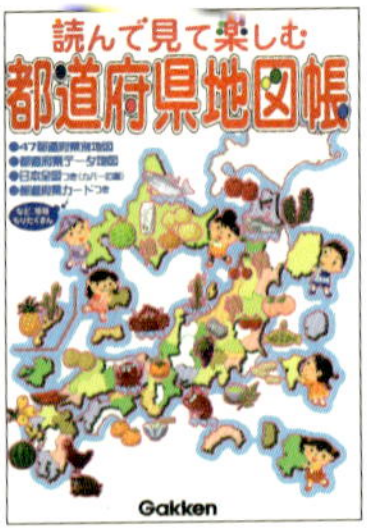

読んで見て楽しむ
都道府県地図帳

臼井 忠雄／監修
学研　1,200 円

地図帳としては情報量が少なめでシンプルなのがいい。ページも薄く、最初の１冊に。主な農業生産量や製造品、交通などデータも簡潔にまとめられ、大枠理解に最適。

column 迷路やすごろくも立派な地図

本来、地図は、どこかへ移動する目的があってはじめて利用するツールです。日本全土の地形や県名を覚えるだけでなく、「生活を営むうえで欠かせないツール」だという実感を持たせてあげる必要があります。

ここでは、地図に親しむために利用できる、意外なものを紹介します。

知育ツールとしてよく知られている「迷路」は、実は地図の入り口です。『ぼうけんめいろ』（梧桐書院）などの絵本を、なぞったり眺めたりしているうちに空間認識力が高まり、地図を見て理解するための素地が養われます。『昆虫の迷路』『乗り物の迷路』（PHP研究所）といった迷路本も役立ちます。

すごろくなどのボードゲームは、遊びながら数にも空間認識にも強くなれます。『夜店でおかいものすごろく』（アーテック）は、お買い物をしたり、お小遣いをもらったりと、お金の使い方もあわせて楽しめます。

スーパーやデパートの入り口にある店内案内図やフロアガイドも、地図の仲間です。「今、このドアのところだね。どうやってお菓子売り場に行こうか」と、生活のなかで地理的感覚を養う機会を増やしていけます。

遊園地などレジャー施設のマップを見ても楽しめます。

地域の白地図を用意して、お気に入りの公園、お店、友達の家をマークしたり、保育園や駅までの道や、通ったことのある道をマーカーで塗って、オリジナル地図をつくるのも、地図に親しむひとつの方法です。ちなみに、白地図は図書館でコピーできます。

旅行に出る際、ガイドブックを利用することが多いと思いますが、実は、ガイドブックも立派な地図です。平面地図とあわせて使うと、出向く先への関心が高まり、地理の知識を増やしていくことができます。

地球儀ほど頭のよくなるツールはない！

＊「立体」で世界の姿を教えてくれる

日本地図と同様、できるだけ早く家庭環境に取り入れてほしいのが地球儀です。

地球儀のいいところは何といっても、世界のなかの日本の位置、大陸同士の位置関係、太平洋や大西洋の海の広さがひと目でわかることでしょう。

平面の世界地図では、南北のアメリカ大陸の端とユーラシア大陸のヨーロッパ側の端が切れている状態で掲載されています。小学校の低学年では、その状態が「世界の姿」だと認識している子がたくさんいます。

でも、地球儀で地球の姿を見てみれば、アメリカとヨーロッパが海を挟んで近い距離にあるのは一目瞭然です。なぜイギリス人がアメリカに移住したのかは、地球儀を見るからこそわかることです。

小学校でも英語学習が必修化され、現代はグローバルな人材が求められています。幼少期から世界を身近に感じ、楽しみながら知識を獲得する経験をしていると、小学校高学年から始まる世界についての社会科の学習についていきやすくなります。

あるご家庭では、息子さんが生まれたときに地球儀を買いました。お父さんは宇宙に関する仕事をしていて、頻繁にアメリカ出張をしていました。息子さんが小さいうちから、「○○くんはここ（日本）、パパは明日ここ（アメリカ）」と、地球儀を回して指差していたそうです。

その子は3歳のとき、日本の総理大臣の名前より先に、アメリカのオバマ大統領の名前を覚えたといいます。ニュースで「アメリカ」「オバマ」などの単語を耳にするたびに、情報がインプットされていったのでしょう。

平面の世界地図は「地球儀の補助ツール」ととらえるといいでしょう。地球儀には書かれていない都市名や地形などを調べるときのために、壁に貼っておくのもいいと思います。国旗も載っていると、同時に確認できて知識が増えます。

＊子どもひとりで持ち歩けるサイズを選んで

地球儀は平面地図と違って手に取れるので、親子のスキンシップも生まれやすいですね。くるくる回り、おもちゃのような楽しさもあります。

子どもが小さいうちは、難しいことを考えず、親子でくるくる回して遊んでいればいいのです。そうしているうちに、世界のなかの日本の位置を覚えることができ、自然に世界地図が頭に入っていくのがいいところです。

地球儀はどんなものを選べばいいでしょうか。

子どもがくるくる回して楽しんで、仮に壊れてしまっても惜しくないくらいの価格帯のものにすることが大切です。

値が張るものを奮発し、「壊しちゃだめよ」と大事に飾っておくのは本末転倒です。思い切りくるくる回せるものにして、遊ばせてあげましょう。

今言ったことに関連しますが、子どもがひとりで持ち歩けるサイズのものにすること。あまり大きすぎると子どもが自力で持てず、「ママ取って」と声をかけているうちに、「今知りたい」という子どもの気持ちが冷めてしまいます。

高さ25〜30㎝くらいのものが、小さな子から大人まで使い勝手がいいのではないでしょうか。

最近は、個性的な地球儀も発売されています。参考までに紹介しておきます。

・**国旗イラスト付き地球儀**↓カラフルな国旗から世界中の国の位置を探し、確認できる。

・**しゃべる国旗付き地球儀**↓専用タッチペンで国や国旗にふれると、音声で国名、首都名、人口などの情報を教えてくれる。

・**衛星画像地球儀**↓NASAが撮影した衛星画像で青い地球をリアルに体感。

・**ライト付き二球儀**↓1台で地球、星座、月の学習ができる。

国旗イラスト付き地球儀
（レイメイ藤井）

地球儀の定位置は「テレビの横」

＊しまいこまずに、すぐ使えるように

リビングのどこに地球儀を置くのがいいかというと、それはズバリ、テレビの横です。テレビは家族の視線が集まるポイントです。ニュースや教養番組で出てきた地名を、「ここだね」と親子ですぐに確認しあえます。その結果、子どもの知的好奇心の幅はぐんと広がります。

「大きくて邪魔」「インテリアの雰囲気を乱す」などの理由で、高い棚の上に置いたり本棚のなかにしまい込んだりすると、視界から消えてしまいます。そのうちに、地球儀を買ったことすら忘れて、気づいたらホコリがかぶっていたという状態に……。

家族みんなが日常的に使うツールとしてなじませていくには、テレビの横を定位置にしてみましょう。

家族でテレビを観ていたとき、世界一暑い国としてジブチが出てきました。最高気温が70℃以上になったこともあり、夏は50℃を超えるのが普通。クーラーのない家が多く、みな外に出て寝ている……という映像だったのですが、子どもにはインパクト大だったようです。

さっそく「ジブチを探してみよう」と、一緒に地球儀を回しました。「アフリカだよね」「こんなに小さい国なんだね」「赤道にもっと近いケニアより暑いのはどうしてだろう」など、しばらく盛り上がりました。

さらに、「日本の近くで、ジブチと同じ高さ（緯度）の国はどこだろう?」「日本からジブチに行くには、右からと左からのどっちが近いかな?」「アフリカと南アメリカ、どっちのほうが日本から遠いだろう?」などと、会話を深めることもできます。

平面地図ではなかなか体感できない、球体の地球儀だからこそできることです。

＊くるくる回して「あ、こんなところに島が！」

そのほか、「置いたまま」で終わってしまわないよう、こんな遊びもおすすめです。

地球儀をくるっと回し、指でピタッと止めた箇所の国名を親子で当てっこします。まだ世界の国名を知らない小さな子の場合は、アメリカ、中国、ロシア、オーストラリアなど**世界の主要国や、面積が大きくてビジュアル的にわかりやすい国々を狙って出題**してあげると、段階を踏みながら地球儀に慣れていきます。

子どもにも出題させ、ゲーム感覚で一緒に遊んでみてください。もちろん、平面地図や地図帳でも同じ遊びができます。

世界に目が向くようになり、国名を覚え始めたら、たとえば図鑑で「タスマニアデビル」を見たときに、「タスマニアに住む悪魔だって。

地球儀に見慣れていると、2歳児でも地球儀のなかの日本の位置を言い当てられる。

タスマニアってどこだろう？」と探し、「タスマニア島って、オーストラリアの右下にあるんだ！」と子どもと一緒に楽しめます。

くるくる回しているうちに、太平洋などの海洋名を知るようにもなります。「あ、こんなところに島が！」と、話題を広げていくこともできます。

＊理科の勉強にも大活躍

実は地球儀は、理科の学習にも使えるすごいツールです。

地球儀は地球をミニチュア化したものです。ごぞんじのように、地球儀の構造は球体が斜めになっています。これは、実際の地球の地軸（北極と南極を結ぶ軸）の傾きである23・4度を示しています。

地軸を中心に地球が1日1回自転することで、昼夜が生まれます。地球儀をくるくる回して遊びながら、「地球はこっちに回りたいかもね」と、左から右に自転していることを教えてあげるといいでしょう。

また、地軸の傾きによって四季が生まれます。日本では夏至や冬至があり、北欧では1日中太陽が沈まない白夜が訪れます。

北半球と南半球では1年を通して気候が逆になることや、赤道近辺は気温が高い地域が多いことなど、理科的な知識をともないながら、地理的な知識も増やしていくことができます。

ほかには、子どもを太陽、親を地球に見立て、親が地球儀を持って太陽の周りを回り、「今、日本は夏？　冬？」と季節を当てっこします。「月はどこにあると思う？」「夜になると星が出るのはどうしてだと思う？」と、天文分野の知識にどんどん広げていくこともできます。

お母さんが太陽役、子どもが地球役など、役割を交替して遊ぶのも楽しい。

一気に世界に興味がわくおすすめアイテム

地図の役割は「ほかの場所では？」と想像を広げられることです。ニュースで見聞きする情報以外にも、子どもの好奇心を刺激できる材料が身近にあると、子どもの目を世界へ向かわせることができます。

ここで紹介するものには、一見「これが地図？」と思われるものも含まれていると思います。『こんな家にすんでたら』や『世界のともだち』シリーズなどは、まさしくそうです。

これらは地図帳や社会の教科書に書いてある内容を、絵や写真と、子どもにも親しみやすい文章で手短にまとめてくれています。

世界のなかの日本をキャッチする感覚を育てたり、世界に関する情報をインプットするには、極端に言えば、地図や地図帳からでなく、**絵本や写真から入ってもいいし、人、文化、スポーツ、生物、気候から入ってもいい**のです。

楽しむポイント

ページを自由にめくり、おもしろそうなところから眺めるだけでOK。

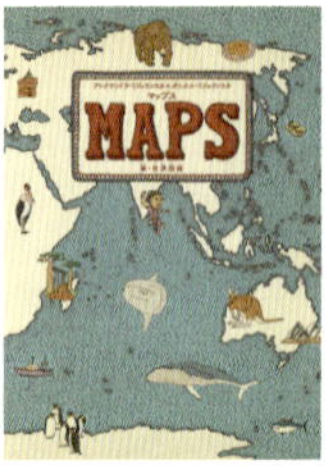

マップス 新・世界図絵

アレクサンドラ・ミジェリンスカ、ダニエル・ミジェリンスキ／作・絵、徳間書店児童書編集部／訳
徳間書店　3,200円

ポーランドで人気の絵本作家夫妻が３年かけて描き上げた、世界中で大人気の大型地図絵本。世界42カ国の地図に名物、名所がぎっしり詰まったイラストは圧巻。

声かけ例

こんなところに宇宙人とUFOが！

声かけ例

ニューヨークには自由の女神がいるね。黄色いタクシーも有名だよ。

世界のともだちシリーズ（キューバ　野球の国のエリオ）

八木 虎造／作・写真
偕成社　1,800円

各国の小学生を主役に、その暮らしに密着した写真と文章で構成されたシリーズ。どんな家でどんな食事をしているのか、学校生活は…。遠い国を身近に感じ、興味がわく。

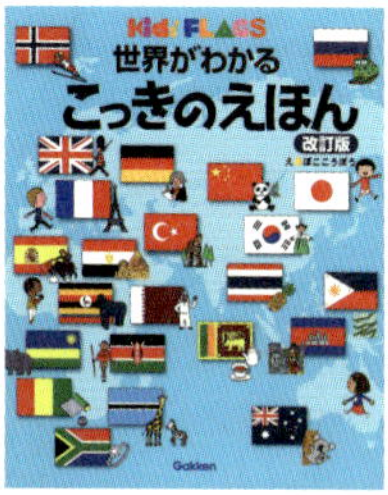

世界がわかる こっきのえほん

ぼこ こうぼう／絵
学研　1,500 円

「まる」「ほし」「どうぶつ」など、描かれたデザイン別に国旗を分類して紹介。こめられた意味がわかるとおもしろい。国旗は「星があるのはどれ？」などと探す遊びがいい。

世界の国旗かるた

吹浦 忠正／作・監修
学研　1,000 円

テレビのニュースなどでよく見かける国旗を 48 種類収録。読み札の文章と一緒に国旗を覚えられる。続刊の『世界の国旗かるた 2』にはほかの 48 カ国が入っている。

くもんの世界地図パズル

くもん出版　3,500 円

全 99 ピース。実際の国数の半分にまとめられている。アジア、ヨーロッパなど地域別に色分けされている。日本地図パズルに慣れたら挑戦してみたい。

せかいのひとびと

ピーター・スピア／作・絵、
松川 真弓／訳
評論社　1,500 円

世界には、肌の白い人もいれば黒い人もいる。いい人もいれば悪い人もいる…。さまざまな違いがあること、そして違っていていいことを、やさしい言葉で説明した絵本。

世界のあいさつ

長 新太／作・絵、野村 雅一／監修
福音館書店　1,300 円

世界の国々のあいさつを比べることで、民族性を知る絵本。インド人は手をあわせる、カナダ・イヌイット人は笑う…。巻末のあいさつについての考察もおもしろい。

こんな家にすんでたら
世界の家の絵本

ジャイルズ・ラロッシュ／作、千葉 茂樹／訳
偕成社　1,600 円

世界各地の家を精緻なペーパークラフトで再現した本。家ごとに建築様式やつくられ方などの情報がまとめられている。この家に住んだらどうなるだろう…と夢がふくらむ。

声かけ例

日本はどこかな？

世界がみえる地図の絵本

ブライアン・デルフ／作、吉田 秀樹／訳
あすなろ書房　1,650 円

世界の国々の特徴を地域や国別にイラストで紹介。描かれた特産物や名所、国旗などは、眺めているだけで楽しい。人口や面積などのデータが、さらに理解を深めてくれる。

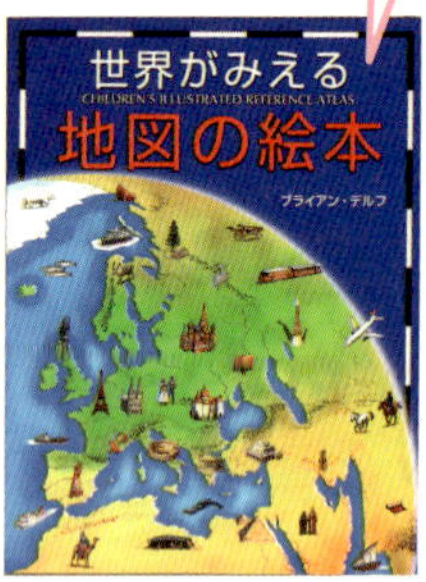

声かけ例

島ばっかり！
日本も島国なんだよ。

ナショナル ジオグラフィック
絶景世界遺産

ナショナル ジオグラフィック／編
日経ナショナル ジオグラフィック社　1,800 円

自然遺産と文化遺産から 67 カ所を厳選。米国最大の七色の熱水泉、イエローストーン国立公園など、臨場感抜群の写真とコンパクトな解説で、その魅力を伝えている。

写真で見る
世界の子どもたちの暮らし
世界 31 ヵ国の教室から

ペニー・スミス、ザハヴィット・シェイレブ／作・編、赤尾 秀子／訳
あすなろ書房　3,200 円

各国の子どもの暮らしを一堂に集め、写真で紹介。いろいろな国にいろいろな人がいることがわかる。パラパラめくって、子どもが気になったページを。

ザ・マップ ぬりえ世界地図帳

ナタリー・ヒューズ／絵、ブライオニー・ジョーンズ、ジョニー・マークス／編
日本文芸社　1,500 円

全部で 23 の地域に分けられた世界地図。自分で好きに色を塗れるようになっている。ぬり絵をしながら、地図だけでなく文化や生き物も覚えられる。

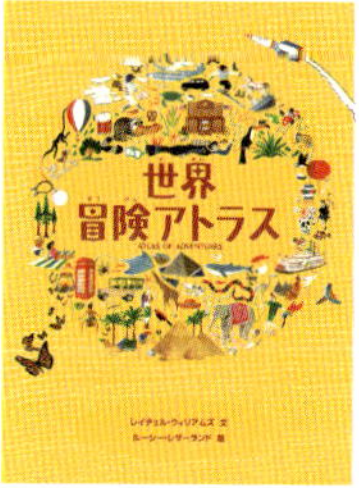

世界冒険アトラス

レイチェル・ウィリアムズ／作、ルーシー・レザーランド／絵、徳間書店児童書編集部／訳
徳間書店　2,800 円

冒険の旅に出るというコンセプトで世界の各地へ。見開きいっぱいに絵が広がる。イグルーに泊まったり、グランドキャニオンで川下りをしたり、本当に体験した気分に。

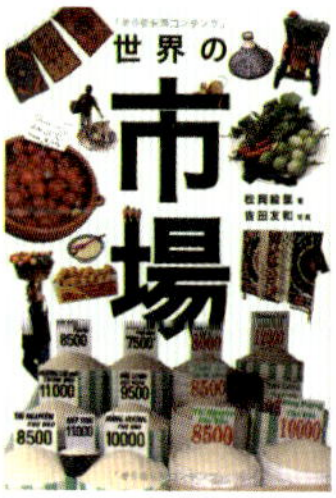

世界の市場

松岡 絵里／作
国書刊行会　1,800 円

パリのマルシェから南米の魔女市場まで、世界約 100 の市場を紹介。大人向けの本だが、異国情緒あふれる写真に会話がふくらむ。食文化は民族性を何より語る。

世界の国ぐに 探険大図鑑／ WORLD-PAL

正井 泰夫、辻原 康夫／作・編
小学館　4,286 円

国別に自然、産業・観光名所・食文化などを紹介。国旗はもちろん地図での位置、日本からのフライト時間、時差にいたるまで、わかりやすく詳しく解説。長く使える内容。

column デジタル地図も上手に活用

現代人にとって最も身近な地図は、Yahoo!地図やGoogleマップなどのデジタルマップかもしれません。目的地までの道順や最短ルートをネットで「サクッと検索」するのは日常茶飯事でしょう。

地図の読み方をまだマスターしていない子どもにも、この「サクッと検索」をどんどん経験させていいというのが私の考えです。自分で文字入力ができるならば自分で、難しい場合は親が代わりにやってあげると、親子で地図を見る機会を増やしていけます。

息子が小さい頃、私がよくやっていたワザがあります。自宅から数キロの場所へ出かけるとき、行き先を検索しながらわざとミスタッチして「おっと、世界地図まで広げちゃった」と、マクロな地図まで拡大させてから、世界→アジア→日本→東京→○○区→○○町……と、ミクロな地図へ縮小していく過程を子どもに見せるのです。地図の拡大→縮小は、抽象→具体の視点や俯瞰視点を養うのに、とても効果的です。

デジタルマップには、いろいろな利点があります。たとえば、常に最新の地図を表示できたり、ビル名や施設名などから場所を検索することもできます。

Google Earthを使えば、ストリートビューで建物の外観まで見ることができたり、3Dの地球をバーチャルに探索することもできます。

ただし、都市部では問題ありませんが、データ通信ができない山奥等では使えないという弱点もあります。

デジタルデータに頼るだけでなく、「地図帳も見てみようか」というふうに併用しながら、確かな知識へと導いてあげることが欠かせません。

平面地図や地球儀と併用して利用することで、デジタルの強みやうまみがさらに活きてくるのです。

第5章

「辞書」で
ぐんぐん
言葉が深まる

辞書は最初、親が引くものだと思ってください

＊「なるほど～」と引いて見せるとハードルが下がる

辞書は語彙力を増やしてくれるツールです。小さいうちから辞書に慣れている子と慣れていない子とでは、大きくなってからの知識の定着度に歴然とした差が出ます。

とはいえ、小さな文字がズラッと並んでいる辞書は、図鑑や地図に比べてビジュアル要素が少なく、大人でもモチベーションが上がりません。

知人の６歳の息子さんは、リビングに設けられた子ども専用の本棚に、お気に入りの図鑑や絵本に交じって辞書があるのを見つけると、「これはボクのじゃない！」と言って、親用の棚へ移そうとするそうです。辞書というツールは、それくらい子どもにとって「難しそう」に映るのです。

最近の子ども向け辞書は、見やすさを考慮した工夫があちこちに施されていますが、

それでも、**与えただけで子どもが自発的に開き始めるということは、まず難しい**でしょう。強引に開かせようとすると、「引かず嫌い」になりかねません。

まずは、親が辞書を引いて楽しんでいる姿を見せることで、子どもの辞書への抵抗感を薄めましょう。

たとえば、図鑑や地図やニュースで知らない言葉に出会ったら、「気になるね」と言って親が辞書を引いて、「なるほど〜」と意味がわかってスッキリしている姿を見せます。すると、子どもは「どんな意味なの？」と関心を持つでしょう。

大事なことは子どもの目に、「あの辞書というものを開くと、お母さんがいろいろと物知りになっていって、楽しそうだ」と映ることです。

そして、「字がいっぱい読めるようになったら僕も（私も）辞書をどんどん使ってみよう」という気分を与えてあげることです。

お子さんが小さなうちは、「辞書は子どもに引かせるものではなく、親が代わりに引いてあげるもの」ととらえておくことが、子どもと辞書の距離を縮めていくコツです。

そして、親子で一緒に調べる機会を徐々に増やしていきます。

子どもは知りたい言葉を自分で見つけられたら、「あった！」と大喜びします。その達成感を、親も一緒に感じてあげましょう。

辞書への関心を高めるには、「調べたらわかって楽しい」という体験を生活のなかでいかにたくさん積ませるかがカギです。

このような体験が積み重なることで、「辞書を引いて、言葉の意味を正しく知りたい」という子どもの能動的な姿勢が育ち、辞書引きが日常化していくのです。

＊箱から出して、ことあるごとに開く

子どもを辞書に慣れさせるポイントは、「読み書きができるようになったら買おう」ではなく、とにかくできるだけ早く子どもの身近に辞書を置くことです。

言葉のやり取りが起き始めたら、早くからリビングに置いて、思い立ったらすぐ引ける環境をつくります。そして、「辞書という便利なものがあるんだよ」ということを、生活のなかで子どもに伝えていってあげてください。

辞書と子どもの距離を近づけるためには、まず箱から出してしまうのがコツ。そして、調べたいときにすぐ引けるように、辞書本体だけを本棚に置きましょう。

辞書を置く場所は、地球儀や地図同様、子どもがパッと手に取りやすいリビングのテレビの近く。または、本棚のなかで子どもの目線が行きやすい場所がおすすめです。

では、どんな辞書を置けばいいのかですが、私がおすすめするのは、**子ども用と大人用の辞書の同時置き**です。

子ども向け辞書は、わかりやすくはあるのですが、必要最小限の語彙数であるため、知りたい言葉が載っていない場合があります。

そんなときに収録語数の多い大人用の辞書が置いてあると、親子で一緒に調べるときや、子どもの疑問に答えるときの助っ人になります。

実は、子どもの「これには載ってないよ!?」という言葉は大きなチャンスなのです。ここから「載っていない言葉を知りたかったなんて、すごい!」「もう少し大人用の辞書で探そう」と子どもの気持ちを盛り上げつつ、大人用の辞書へ誘導できます。

子どものプライドを少しくすぐるだけで、言葉への関心がグッと高まるのです。

＊ときには映像を併用するのも効果的

ここで、みなさんに知っておいていただきたいことがあります。

辞書を引くときに、言葉そのものの意味説明を確認しておしまいとする方が多いのですが、それでは「言葉の意味」はつかめないのです。意味とは、映像や動きを伴った場面のなかで成立するものです。つまり、**辞書とは言葉がどのように使われているのかを知るツール**なのです。

言葉というのは、人間の生活のなかで用いるものなので、使われている場面が必ずあります。どういう場面で、どのように使われているかを知らなければ、言葉を知ったとはいえません。

本当に言葉を理解するためには、ビジュアルとあわせて知る方法が一番効果的です。

たとえば、言葉から映像を立ち上げられるように、言葉と一緒に映像を見せてあげるのです。私は、まだ辞書引きになれていない子どもに言葉の意味を説明するとき、「文字と画像の併用検索」を行うようにしています。ネットで画像検索をした「天秤」の写真を見せながら、意味を辞書で調べさせるといった具合です。

そうすると、言葉の意味と、映像や場面がつながり、意味をつかみやすくなるのです。子どもも、映像や画像があると楽しいようで、進んで調べてくれます。辞書を身近に感じさせるための方法のひとつです。

辞書には見方があります。まず例文を先に見て、どのように使われているのかを知ってから意味の説明を見ます。あとで例文に戻り、あらためて使われ方を確認します。

なぜこのような見方をするのかというと、言葉は使われてはじめて意味をなすからです。辞書に載っている言葉の意味は、一般的な意味合いにすぎません。意味を丸暗記してしまうと、言葉単体が一問一答の丸暗記のようになって、場面にあわせて使い分けできなくなってしまいます。

覚えるのであれば意味説明よりも、例文を覚えることのほうが有効なのです。

次項からは、おすすめしたい辞書をいくつかご紹介していきます。

幼児から小学校高学年まで。年齢別、国語辞典の選び方

＊入門は「ことばえじてん」（幼児）

幼児の場合、国語辞典になじむための一番のポイントは、言葉から映像を立ち上げられるかどうかです。

それに適しているのは、言葉が絵で表されていて、生活場面と言葉の使われ方がつながりやすい「ことばえじてん」です。

このタイプの辞書は、ボキャブラリーを身につけさせようと目的を持って調べるというよりも、**絵を見て言葉との距離を縮めていくもの、言葉を体験するもの**だと考えてください。辞書を通して言葉には映像や動きが伴うことを、なんとなく感じられたらいいでしょう。

おすすめは『三省堂こどもことば絵じてん』。あげられた言葉の選択が秀逸で、豊か

な日本語を身につけられます。

読み聞かせの感覚で、親子で一緒に絵を眺め、「こういうふうに椅子に座ることを『こしかける』って言うんだよ」などと教えてあげましょう。

このタイプの本は、ほかにもいろいろ出ています。

選ぶときは、イラストや色使いの雰囲気、デザインの見やすさなど、お子さんの好みを優先させてください。

開きたくなるものを選ぶことに主眼を置くのがいいですね。

三省堂 こどもことば絵じてん

金田一春彦／監修、三省堂編修所／編
三省堂　3,800円

幼児の基本語約3,000語を収録。物の名前だけでなく「しばる」「くらべる」など動詞も豊富。解説のイラストと文章が秀逸。読み聞かせ感覚で見るうち、どんどん語彙が増える。

楽しむポイント

イラストの様子を子どもにまねっこさせて「うまい、うまい！」と褒めてあげるのも、実感がわいてgood！

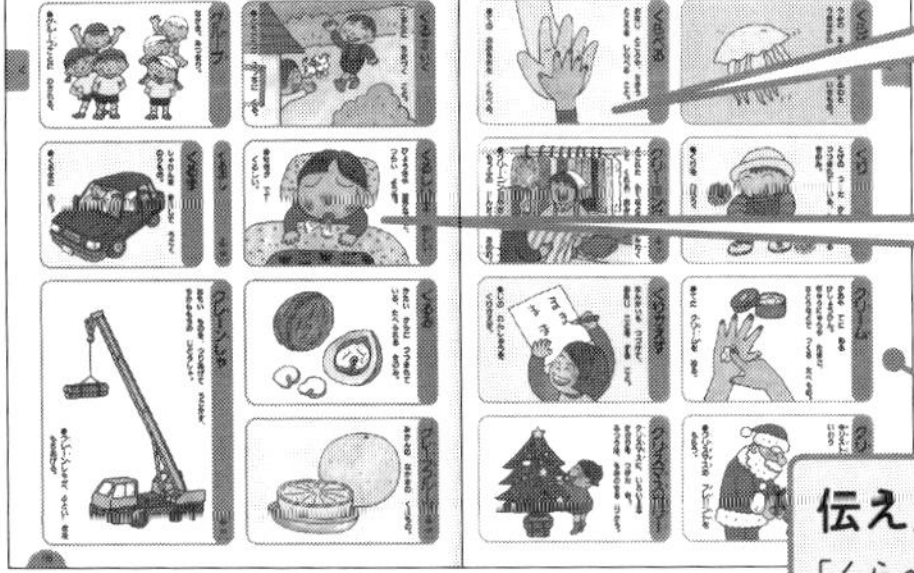

声かけ例

「くらべる」って、こういうことだよ。

声かけ例

○○ちゃんも、熱が出たとき、くるしかったよね。

伝え方のポイント

「くらべる」「くりかえす」などの動詞や、「たのしい」などの形容詞を幼児に説明するのは難しい。そんなとき、ビジュアルで言葉が解説された「絵じてん」を見せると、理解を促せます。

＊本を読めるようになったら
（幼児～小学校低学年用）

「えじてん」から「小学国語辞典」までの橋渡し的な辞書に『ドラえもんはじめての国語辞典』があります。小さな文字が並んだ「辞書」の入り口としておすすめです。

ただ、やはり収録語数は少ないので、大人の辞書との併用で、辞書引きに「慣れる」ためのものと考えるといいでしょう。

©藤子プロ・小学館

ドラえもん
はじめての国語辞典

小学館国語辞典編集部／編
小学館　1,800円

収録語数１万9000語。「辞書」の形をとってはいるが、はじめて辞書にふれる幼児でも楽しく引ける。語彙数と説明が必要最低限に抑えてあり、シンプルでわかりやすい。豊富なイラストとオールカラーで親しみやすい。

ここに注目！

巻頭の「使い方」「特徴」を事前に読んでおくと、さらに理解が深まって楽しめます。

楽しむポイント

「早口ことば」のほか、「なぞなぞ」「さかさことば」など、欄外の言葉遊びがおもしろい。

＊言葉への関心が高まってきたら（小学校中学年ぐらいまで）

「小学国語辞典」は、小学校中学年ぐらいまでの学習をカバーできる手軽な辞書。

このレベルの辞書は載っていない言葉も多いのですが、小学校中学年ぐらいまでなら必要な語句の8割がたはカバーできます。

辞書を選ぶときは、何でもいいのでひとつ言葉を決めて、いくつかの辞書で、その同じ言葉を子どもと一緒に調べてみます。**どの説明が子どもにとって距離が近く、わかりやす**

チャレンジ 小学国語辞典

湊 吉正／監修
ベネッセコーポレーション　2,250円

収録語数3万5,100語。教科書に出てくる言葉や日常生活で使う言葉が中心。「太くて目立つ見出し語」など、視覚的に探しやすい工夫が施されている。凡例もわかりやすい。

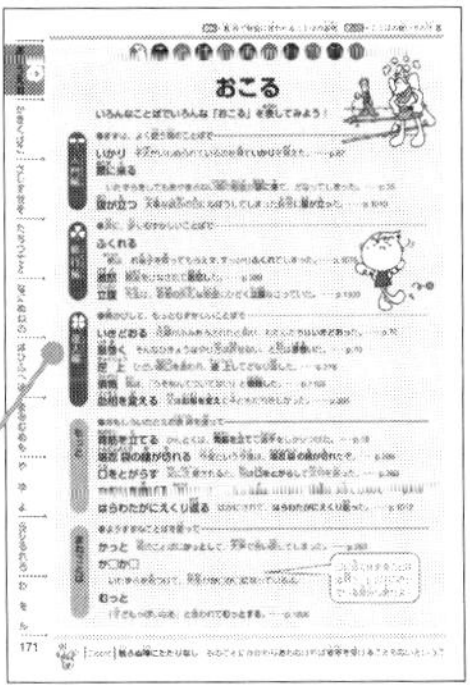

楽しむポイント

「ふくれる」や、「はらわたがにえくり返る」などの言葉を、子どもに体現させてみてもおもしろいです。

ここに注目！

慣用句は見出し語のなかに入っています。「どこにあるか」を教えてあげましょう。たとえば「顔が広い」は、「顔」の見出し語のなかにあります。

いかが辞書選びの判断基準です。

この頃から、宿題をしたり、本を読むなど、子どもが情報にふれるときに、「知らない言葉が出てきたときのために、辞書も横に置いておこうね」「その場で意味がわかるとラクだからね」と、前もって辞書引きを予感させる声かけをしておくといいでしょう。

するとどういうときに辞書を使えばいいのか、子ども自身が実感できます。

「自分で調べなさい」と言うよりも、この「予感の声かけ」は何倍も効果があります。

新レインボー小学国語辞典 小型版

金田一 春彦、金田一 秀穂／監修
学研　2,000 円

収録語数は約 3 万 7,200 語。文字が大きいので言葉が引きやすい。オールカラーで華やかな紙面デザイン。ことわざ・慣用句・四字熟語などを数多く収録。言葉に関するおもしろい情報やコラムが満載。

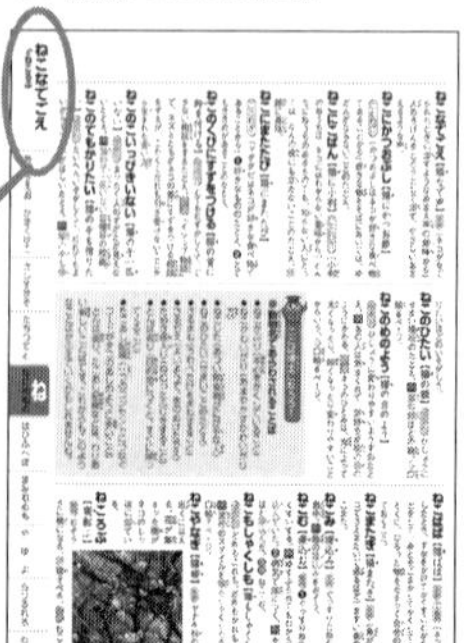

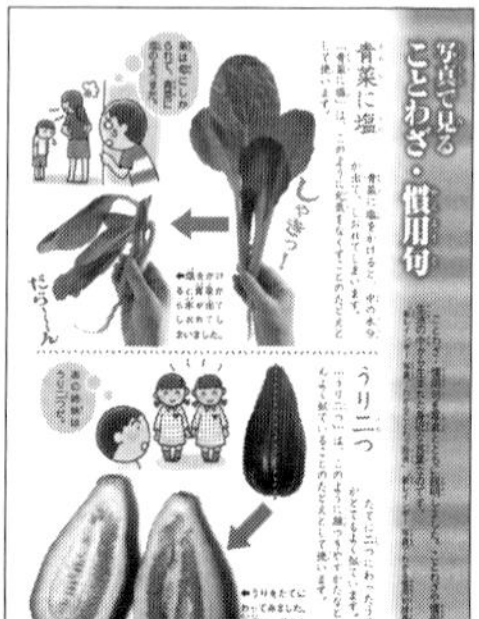

声かけ例

欄外の見出し語を見たら、速く引けるよ。

声かけ例

縦に割った瓜の形って、どちらもよく似ているね。本当に「うり二つ」だ！

同時に使うと言葉が大好きに

ここで紹介するのは、遊びをまじえて言葉の世界に近づけるツールです。国語辞典と同時並行で使うと効果があります。

ビジュアルとあわせて言葉のリズムや意味を楽しめるものが、おすすめです。

ことばのこばこ

和田 誠／作・絵　瑞雲舎　1,748 円

しりとり、句読点遊び、かぞえうた、なぞかけ、上から読んでも下から読んでも同じ言葉など、18 種類のことばあそびをイラストで楽しむ大型絵本。

ぐりとぐらかるた

中川 李枝子／作、山脇 百合子／絵
福音館書店　1,000 円

広い世代が知っている絵本『ぐりとぐら』のひらがなカルタ。リズム感あふれるすてきな文と、美しくてかわいらしい絵が、カルタ遊びをいっそう楽しいものにしてくれる。

©藤子プロ・小学館

ドラえもんの学習シリーズ
(国語おもしろ攻略 ことばの力がつく 辞書引き学習)

藤子・F・不二雄プロ／キャラクター原作、
藤子プロ／まんが監修、深谷 圭助／監修
小学館　850 円

多様なテーマをドラえもんのまんがでわかりやすく楽しく解説した大人気シリーズ。各分野の入り口におすすめ。本書では調べた言葉に付箋を貼る「辞書引き学習」の方法を紹介。

言葉図鑑シリーズ
かざることば（A）

五味 太郎／作・絵・監修
偕成社　1,400 円

ものの姿やありさまなどを表す「かざることば」、動きを表す「うごきのことば」など、言葉の働きごとにまとめたシリーズ。かわいい絵を楽しみつつ言葉のおもしろさを味わえる。

声かけ例

「そそっかしい」「けばけばしい」…、いろいろなまほうつかいがいるね。

10 才までに覚えておきたい
ちょっと難しい 1000 のことば
ジュニア版

福田 尚弘／作、アーバン出版局／編、
うじな かずひこ／まんが
アーバン出版局　1,480 円

「あわや」「まれ」など、ちょっと難しい日常語をまんがとクイズで解説。ドリル好きな子に、語彙力を増やす 1 アイテムとしておすすめ。

＊自分で辞書引きするようになったら（小学校高学年から）

ある程度、辞書を使うことに慣れてきたら、小学校高学年ぐらいから高校レベルまでを、おおよそカバーできる辞書に移行します。

このレベルの辞書は、文章理解を深めたり、言葉の感覚を育てるのに適しています。

子どもが強く関心を持っていて、十分に調べたいときなどは、深く幅広く調べられる大人用の辞書を渡しましょう。

これを調べたあとは、「すごく深い勉強ができたね！」とほめてあげます。

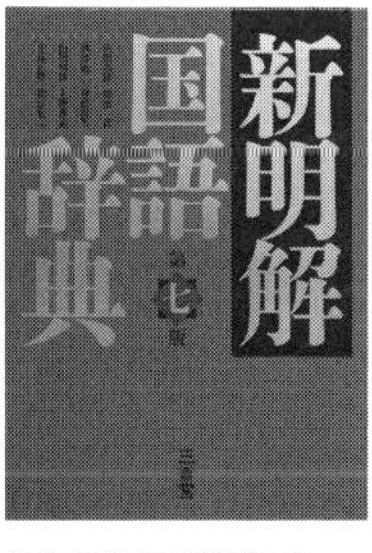

新明解国語辞典

山田 忠雄、柴田 武ほか／編
三省堂　3,000 円

収録語数 7 万 7,500 語。より深い日本語理解のために、第七版では「文法」欄が新設。単なる言葉の説明や似通った語句への言い換えに終わらない、深い意味分析にもとづいた詳しい語釈が特徴。

明鏡国語辞典

北原 保雄／編
大修館書店　2,900 円

「がち」「アプリ」など、日頃使う新語・カタカナ語を積極的に収録。言葉の適切な使い方と気をつけたい誤用を徹底解説。本書も『新明解 国語辞典』も、大人の辞典として日常的に使いやすい。

子どもは、新しい言葉を覚えると、自慢したくて使いたがります。

そういうときは、「そんな難しい言葉知ってるの!?」などと、子どもを思いきりほめ、優越感を覚えさせてあげましょう。

言葉を知ること、使えることがすばらしいことだと感じさせてあげるのも、辞書引きを習慣化させる力になります。

広辞苑（普通版）

新村 出／編
岩波書店　8,000 円

収録語数 24 万語。現代語としての新しい意味・用法を的確にとらえ、簡明に記した最大の収録数をほこる大判国語辞典。大判は重いので、平素は棚に置いておき、日常的に使う『新明解』『明鏡』などの国語辞典に掲載されていない言葉を調べるときに開くといい。

大辞林

松村 明／編
三省堂　7,800 円

収録語数 23 万 8,000 語。現代語を中心とした大判国語辞典。「売れ線」「カミングアウト」など、日頃から使われて、読者がその意味を知りたいような言葉も解説。

column 辞書を使った楽しみ方いろいろ

■「子どもは辞書引き放題」しりとり —— 親子で手軽にできる「しりとり」に辞書をプラスして、子どもの辞書に対する抵抗感や無関心を取り払うことができます。ハンデをつけて、子どもだけに辞書をもたせ、引き放題にします。それに対して、親は辞書なしの“丸腰”で臨みます。辞書という強力な武器を得て、子どもは圧倒的に有利です。大人を負かすことができる大チャンスですから、これは燃えます。辞書引きの入り口としておすすめ。

■なぞなぞ作戦 —— 「とりがかぶると、とっても怖いものに変身するものってなーんだ？」と、子どもになぞかけし、「とり～」を辞書で探させます。答えは「トリカブト」。このように、さまざまな言葉を題材にして、親子で遊びます。「わかんなーい」と子どもが返事をしてきたら、「辞書をめくったら見つかるかもね～」でOKです。楽しみ方がわかると、子どもからなぞかけをしてきます。

■辞書引きシール作戦 —— 辞書で言葉をひとつ調べるたびに、カレンダーにシールを貼っていきます。また、子どもが好きでよく開くページや、はじめて開いた辞書の箇所に「印をつけておこうね」と言って付箋を貼る習慣をつける方法もおすすめです。たくさん増えていくと、ごほうびシール感覚で気分がいいので、子どもはどんどん自分から調べるようになります。

■「自分の辞書感」がアップする○印作戦 —— 調べた言葉の上に小さい○を書き込みます。2回目も同様に○を書き、◎にします。そうやって、調べた印を残していくと、モチベーションアップにつながります。知識の定着がたしかになるだけでなく、辞書自体が「よそもの」「借りもの」でなく、子どものものという認識が高まるのが何よりのメリットです。

漢字辞典は語彙力アップの「切り札」

＊ひとつの漢字から知識をズラッと増やせる

漢字辞典は、語彙を増やすためにうってつけのツールです。

国語辞典は、その言葉の意味を知って使うことができ、横並びでいろいろ脱線して見ることもできます。しかし、語彙数の広げ方は限られます。

それに対して、**漢字辞典は、ひとつの漢字に複数の熟語が載っている**ので、ひとつ漢字を覚えたら、それをもとに言葉数を増やしていけます。

漢字が持つ意味を知ることで、はじめて見る漢字もだいたい推測できるようになります。

知識は全部ひもづけです。ひとつ核となる知識ができたら、その周辺に知識をズラッと増やせます。知識をつなげて言葉を広げるときに、漢字辞典は非常に有効なのです。

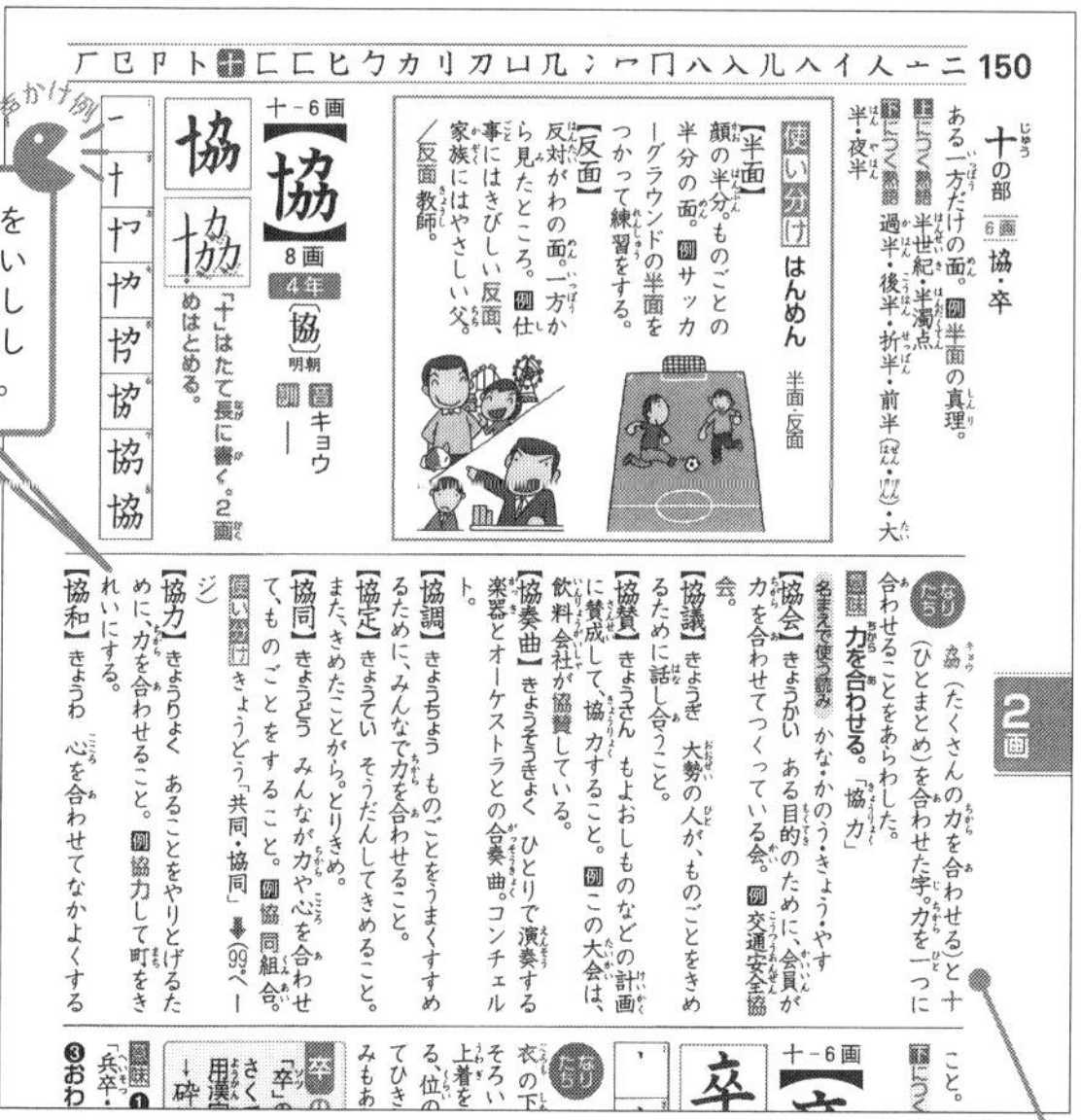
150 十《じゅう》の部 6画 協・卒

ある一方《いっぽう》だけの面《めん》。例 半面の真理《しんり》。

上につく熟語 半世紀《はんせいき》・半濁点《はんだくてん》

下につく熟語 過半《かはん》・後半《こうはん》・折半《せっぱん》・前半《ぜんはん・ぜんぱん》・大半《たいはん》・夜半《やはん》

使い分け はんめん 半面・反面

【半面】顔《かお》の半分《はんぶん》。ものごとの半分の面《めん》。例 サッカーグラウンドの半面をつかって練習《れんしゅう》をする。

【反面】反対《はんたい》がわの面《めん》。一方《いっぽう》から見《み》たところ。例 仕事《しごと》にはきびしい反面、家族《かぞく》にはやさしい父《ちち》。／反面 教師《きょうし》。

十−6画 【協】 8画 4年 〔協〕明朝 音 キョウ 訓 ー

協 協 一 十 ヤ 协 协 协 協 協

「十」はたて長に書く。2画めはとめる。

なりたち 劦《きょう》（たくさんの力《ちから》を合《あ》わせる）と十（ひとまとめ）を合《あ》わせた字《じ》。力《ちから》を一《ひと》つに合《あ》わせることをあらわした。

意味 力《ちから》を合《あ》わせる。「協力《きょうりょく》」

名まえで使う読み かな・かのう・きょう・やす

【協会】きょうかい ある目的《もくてき》のために、会員《かいいん》が力《ちから》を合《あ》わせてつくっている会《かい》。例 交通安全《こうつうあんぜん》協会。

【協議】きょうぎ 大勢《おおぜい》の人《ひと》が、ものごとをきめるために話《はな》し合《あ》うこと。

【協賛】きょうさん もよおしものなどの計画《けいかく》に賛成《さんせい》して、協力《きょうりょく》すること。例 この大会《たいかい》は、飲料《いんりょう》会社《がいしゃ》が協賛している。

【協奏曲】きょうそうきょく ひとりで演奏《えんそう》する楽器《がっき》とオーケストラとの合奏《がっそう》曲《きょく》。コンチェルト。

【協調】きょうちょう ものごとをうまくすすめるために、みんなで力《ちから》を合《あ》わせること。

【協定】きょうてい そうだんしてきめること。また、きめたことがら。とりきめ。

【協同】きょうどう みんなが力《ちから》や心《こころ》を合《あ》わせて、ものごとをすること。例 協同組合《くみあい》。

使い分け きょうどう「共同・協同」→(99ページ)

【協力】きょうりょく あることをやりとげるために、力《ちから》を合《あ》わせること。例 協力して町《まち》をきれいにする。

【協和】きょうわ 心《こころ》を合《あ》わせてなかよくする

十−6画 【卒】

3つの力をあわせていたら、たしかに協力してるよね。

新レインボー
小学漢字辞典 小型版

加納 喜光／監修
学研　2,000円

学習漢字1006字を含む常用漢字と人名用漢字・表外字約3,150字を収録。例文と字の由来が掲載。硬筆・毛筆の手本と全画筆順つきで正しい字を書く力が身につく。

ここに注目！

たとえば、「協」という漢字の部首は「十」。「ひとまとめ」という意味です。漢字の形やなりたちに目を向けさせると、子どもは漢字の形をパズルの一種のように見たて始めます。まずは「形」に興味を持ち、それがどんな「意味」につながったのか、そしてその漢字を用いた「熟語」にはどういうものがあるのか…という順に知識を広げていきます。

楽しむポイント

国語辞典同様、事前に、巻頭の「使い方」や「特徴」を読んでおくと、楽しみ方をより具体的に伝えることができます。

＊漢字カルタやなりたち本も

子どもが言葉を覚えていくのと同じように、漢字の習得でも家庭環境が大きくものを言います。

日常の何気ない会話をベースに、ニュースで「島根」が話題になったとき、「ほかに〝島〟の字がつく都道府県ってあったっけ？」と問いかけてみたり、「図鑑の〝図〟は〝ず〟なのに、図書館は〝と〟って読むんだね」と読み方の違いを挙げたりするなど、日頃の声かけが子どもの意識を漢字に向かわせます。

漢字辞典を家庭環境に取り入れていくとき、いきなり辞書を与えても、小さな子どもの場合は嫌がるだけです。

まずは、学年ごとに習う漢字表や、漢字カルタなどから始めましょう。

辞書を買う前段階からリビングやお風呂などに漢字表を貼っておいたり、カルタで遊んでおくと、眺めているだけで漢字が頭のなかにインプットされ、無意識に身についていきます。

『漢字なりたちブック』や『漢字えほん』などで、漢字の成り立ちについてふれる経験もおすすめです。

「人という字は、人間が横を向いて立っている形を示している」といった知識がベースにあると、漢字への感度が高まります。

「類」という字を見て、「画数が多くてイヤだな」と思ってしまう子と、「頭と同じ頁（おおがい）がついているな」という視点でとらえられる子とでは、大きな差が生まれます。

後者の子の場合、漢字が表わす意味を類推できるので、熟語の理解が深まり、結果として語彙が豊かになるのです。

浴室には漢字表もおすすめ。1～2年分先の学年用も貼っておくと、先取り学習に。

白川静文字学に学ぶ

漢字なりたちブック（1年生）

伊東 信夫／作、金子 都美絵／絵
太郎次郎社エディタス　1,200円

漢字には必ず成り立ちがある。それを絵で表し、直感的に理解できるようにまとめられた本。昔の漢字が併記され、そちらを見るとより成り立ちがわかる。6年生まである。

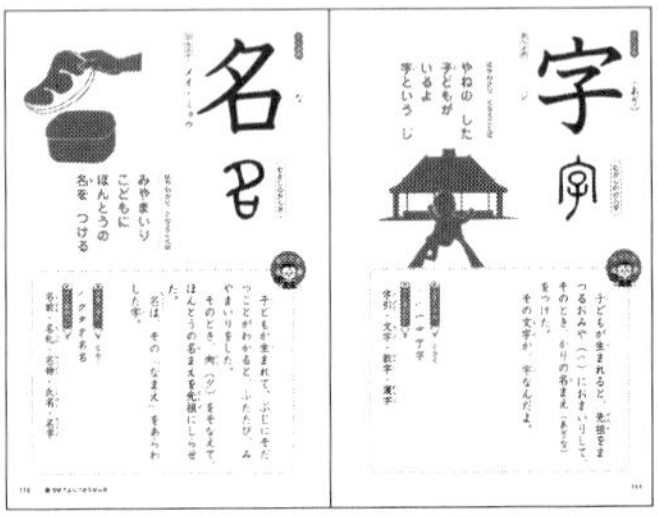

オールカラー

学習漢字新辞典

加納 喜光／作
日本レキシコ／作・編
小学館　1,400円

漢字の使われるシーンがイラストになっている点がすばらしい。漢字辞典としての機能と、絵辞典としての機能をあわせ持っているので、漢字学習の導入にぴったり。

ドラえもん

はじめての漢字辞典

小学館国語辞典編集部／編
小学館　1,800円

小学校で習う漢字1006字を完全収録したオールカラーの辞典。『ドラえもんはじめての国語辞典』同様、はじめて漢字にふれるお子さんでも、遊び感覚で楽しめる。習う学年ごとに漢字を配列。

98 部首カルタ

宮下 久夫、篠崎 五六ほか／作
金子 都美絵／絵
太郎次郎社エディタス　2,400 円

部首の意味がわかると、漢字理解は一気に進む。カルタで部首を覚えてしまおう。取り札には成り立ちの絵文字も書かれており、直感でわかるのがいい。

わらべきみかの
四字熟語かるた

わらべ きみか／絵、
よこた きよし／作、江川 清／指導
ひさかたチャイルド　1,000 円

「危機一髪」「馬耳東風」などの四字熟語と、かわいい絵がセットになったカルタ。読み札に意味、その意味に対応した取り札を取る形。意味と使い方をやさしく解説。

四字熟語・故事成語カルタ
かるかったかるった
初級編 その 1

オフィス四季茶寮　3,600 円

すべての読み札を五七五七七のリズムでまとめた力作カルタ。たとえば「悪事千里」は「どこまでも 果てることなく 知れ渡る～」と、意味がきちんと盛り込まれている。

漢字学習ステップシリーズ
(10 級)

日本漢字能力検定協会 ／作
日本漢字能力検定協会　900 円ほか

漢字検定主催団体が発行する本シリーズは、漢字テキストとしてもおすすめ。ひとつひとつの漢字の例文がとてもよい。漢字検定自体も良問揃いで受ける価値あり。親子で一緒に。

これで国語が大得意に！プラスαのおすすめアイテム

＊ことわざ辞典や百科事典、まんがで学ぶシリーズも

辞書になじみ、さらに深く使いこなせるようになるため、プラスαで揃えるといいのが類語辞典、ことわざ辞典、敬語辞典、英和辞典など。どれも**使う頻度は決して多くはないのですが、手元にあると学びのチャンスはぐんと増えます**。

国語辞典と図鑑のビジュアル的要素が融合した『きっずジャポニカ』などの百科事典も、辞書の学びをさらに強化してくれるツールです。スペースに余裕があるなら、ぜひ置いておきたいものです。

最近は、「ドラえもんの学習シリーズ」「ちびまる子ちゃんの満点ゲットシリーズ」など、まんがで言葉を学ぶタイプの本がいろいろと出ています。お子さんの好きなまんがを入り口にしてみるのもいいですね。

例解学習 類語辞典
似たことば・仲間のことば

深谷 圭助／監修
小学館　1,800 円

笑う、微笑む、白い歯を見せる…使い分けが難しい言葉を約9,000語収録。名詞、動詞、形容詞、慣用句、擬態語などを網羅。漢字にはすべてルビがつき、2色刷り。

例解学習 ことわざ辞典

小学館国語辞典編集部／編
小学館　1,300 円

ことわざ以外にも、慣用句、四字熟語など3,508項目を収録。ほとんどの言葉に用例がつき、語源や由来も詳しく、勉強になる。漢字にはすべてルビがつき、2色刷り。

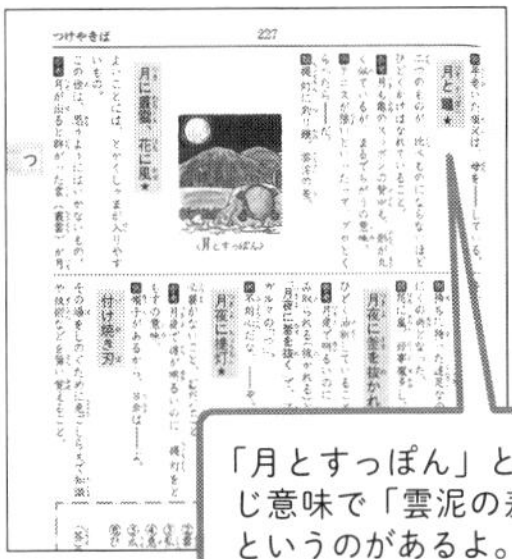

声かけ例

「月とすっぽん」と同じ意味で「雲泥の差」というのがあるよ。

小学生のまんが
ことわざ辞典

金田一 春彦、金田一 秀穂／監修
学研　1,000 円

ことわざや故事成語、慣用句など約600語をまんがで解説。クイズも豊富で楽しく学べる。シリーズとして、ほかに「漢字」「語源」「言葉の使い分け」「敬語」「俳句」など。

クレヨンしんちゃんのなんでも百科シリーズ　クレヨンしんちゃんのまんが
ことわざクイズブック

永野 重史／作
双葉社　800 円

人気のクレヨンしんちゃんシリーズ。たとえば「□の寝床」「□のぼり」の共通の言葉を選ぶなど、さまざまなことわざがクイズに。遊びながら学べる。解説にはまんがが。

暗誦 百人一首

吉海 直人／監修
永岡書店　680 円

古文は日本語の基本。百人一首をカルタで遊んで、和歌の美しいリズムを体感したい。その副読本として、本書がおすすめ。歴史や旧暦なども同時に学べる。

©さくらプロダクション

ちびまる子ちゃんの満点ゲットシリーズ

慣用句教室

さくら ももこ／キャラクター原作、
川嶋 優／作
集英社　850 円

慣用句、ことわざ、四字熟語などシリーズ多数。見開きで知識をしっかり伝える箇所があり、楽しみながら学べる。「慣用句」の本は、これだけで中学受験に十分挑めるほど。

小学百科大事典

きっずジャポニカ 新版

尾木 直樹、平田 オリザ、
福岡 伸一／監修
小学館　7,200 円

国語辞典と百科事典のノウハウを凝縮した1冊。「TPP」など最新用語を含む 1 万 3,500 項目を収録。わかりやすい解説とカラー写真やイラストで、小学生の疑問をすべて解決！

レインボー 英和・和英辞典

羽鳥 博愛／監修
学研　2,800 円

ふだんの生活で使える簡単なフレーズが満載。オールカラーのイラストや写真で、楽しみながら引ける。英語の歌や会話を収録したＣＤつき。ワークなど巻末付録も充実。

＊電子辞書を使いこなすコツ

電子辞書は、国語辞典、漢字辞典、類語辞典、ことわざ辞典など、子どもの学習に欠かせない辞書が一式まとまっています。正しい書き順を学べるコンテンツが収録されたものもあり、言葉で遊べるツールです。

持ち運びがラクで、素早く引けるのが大きな特徴。また、検索履歴が残るという大きなメリットがあるので、外出先や旅先では大活躍します。

紙の辞書か電子辞書かの二択で考えるのではなく、電子辞書の利便性をうまく取り入れ、TPOにあわせて使い分けることをおすすめします。

最近では、小学生向けの電子辞書も出ています。調べるときのストレスがないので、調べることを面倒がる子には、とくに向いていると思います。

ただ注意したいのは、やはり紙の辞書で調べるときに比べて記憶に残りにくい点です。調べて意味を眺めるだけではすぐに忘れてしまうので、**ヒストリー機能（履歴）で最近調べた言葉を振り返るなど、記憶反復の工夫をしたほうがいい**でしょう。

もう少し情報を知りたいときは、ウィキペディア（Ｗｉｋｉｐｅｄｉａ）も役に立ちます。

このツールは、全世界の人が自由に書いて更新する方針なので、一番早く詳しい情報が得られます。ひとつの対象に対するいろいろな見方が書き込まれているので、視点を広げるときに使えます。

たとえばマクドナルドを調べる場合、辞書的にいうと「ハンバーガーチェーン」です。しかし、ウィキペディアでは、本社の場所や社員数だけでなく、創業者名、沿革、マクドナルドが関連した事件など、いろいろな切り口の情報が記されています。

ただし、ウィキペディアは便利なツールなのですが、情報の出所や正確さが検証されていないこともありますので、情報を鵜呑みにするのはやめましょう。

第6章

親のかかわりと声かけこそ一番の環境

「もっと知りたい！」の背中を押すのは親の言葉

＊声かけひとつで子どもは変わる

ここでもう一度、声かけの意味と目的をまとめておきます。

声かけというのは、子どもの心とかける言葉を響きあわせることです。子どもの意識や思考を動かしてあげるためのもので、親のかかわりによって子どもの好奇心を刺激し、やる気や向上心を引き出すのが目的です。

声かけとは、子どものなかに芽生えているものに、「声」と「ことば」を渡すことで、外に向けて動き出す手伝いをすることと私は考えています。

「声」は、親から子どもに感情を伝え、安心や喜びを与え、張り合い、やる気をふくらませます。

「ことば」は、意味・内容を子どもがとらえることの助けとなり、親から与えられた言葉によって自分の内面で起きていることを認識でき、次の行動に向かう手伝いをします。

この原則を踏まえて、子どもの段階と状況にあわせて行うのが、私の考える「声かけ」なのです。

私が代表を務める個別指導教室では、声かけの技術を学習指導に用いています。

たとえば、国語の問題を解く子どもがいるとします。その子のそばで講師が一緒に問題文を読みながら、「何について書かれていた？」「どんな登場人物がいた？」「どんなできごとが起こった？」といった問いかけを行っていくのです。

講師からの問いかけがきっかけになって、子どもは自分の頭だけでは考えられなかったことに気づいていきます。そして、問題文に対する理解を深め、設問に正確に答えられる思考力を身につけていきます。

私たちは「発問応答メソッド」と呼んでいますが、この方法は学習中にかぎらず、生活全般において使えます。

＊「よく知ってるね」「すごいね」「おしえて」…

第2章でもお話ししたとおり、親御さんが意識を向けていれば、声かけのチャンスは必ずやってきます。

テレビなどで特定のことに反応している。最近、さかんに繰り返し話題にすることがある。本などの特定のページを食い入るようにジーッと見ている……。そんな様子から「きっとここだ！」と関心のありどころがわかったら、知的好奇心を刺激する会話へつなげていきましょう。

子どもの言葉や行動をキャッチし、声かけする習慣がつくと、親御さんにもいいことが起こります。**子どもをやる気にさせるような「言い換え」が、自然にできるようになる**のです。

たとえば、左下の図表のように、子どもの様子を見ながら声かけの仕方を変えていきます。

使う言葉を変えれば、声かけレベルはどんどんアップします。声かけの言葉をチェンジしていけばいくほど、お子さんの反応も変わっていくのです。

ただし、注意していただきたいのは、声かけは子どもを親の都合で動かすために行うのではないということです。

「せっかく買ったのだから、もっと図鑑を開いてもらわないと」「早く辞書を使えるようにしなければ」といった思いが親の側にあると、それは間違いなく子どもに読まれます。「うまく動かしてやろう」という企みの感情が、声に乗って伝わってしまうのです。

● 知識が増えてちょっと自慢したいようなとき

「なになに？　おしえて」
「すごいね、そんなこと知ってるんだ」

● わからなくて気になっているとき

「この辞書に載ってると思うよ、一緒に見てみようか」

● 自分でやりたいけれど、やれる自信がまだないとき

「どれで調べようと思ったの？
それ正解。載ってると思うよ、大丈夫」

→うまく見つけられないとしても、それは「ママの責任」と引き受けてあげるところがポイント。「あれ～？　載ってなかった？」と、一緒に調べてあげます。「ふさいだ→ふさぐ」のような活用を知らないために見つけられなかった場合は、「そうそう。ママも昔、『なんで？』って何回も思ったな」と、自分の失敗体験を話して共感と安心を与えてあげましょう。

● 知識が増え、自分で考える力を持たせたいと願うとき

「その言葉もいいけれど、もっとかっこいい言い方もできそうね」
「○○という言葉も知っておくと、すごくいいよ」

→知識欲をくすぐる声かけをします。

子どもの「どうして？」にどこまで答えていますか？

＊素朴な疑問に答え続けるのがミッションだった

子どもの「なぜ？」「何？」は大きなチャンスです。

子どもが何かものをたずねてきたり、自分から話したがったりするのは、知的好奇心が全開になっているときです。

そのタイミングで、親御さんがうまくキャッチしてあげると、子どもはその反応がうれしくて、安心します。そして、「なぜ？」「何？」という自分のなかに生まれた疑問を投げかけることが、ますます楽しくなっていきます。

息子がまだ小さい頃、私はあるミッションを自分に課していました。それは、息子の「なぜ？」「何？」「どうして？」に最後まで答え続ける、というものです。

子どもならではの素朴なこの手の問いは、いざ答えようと思うとなかなか難しいものです。たとえば、わが家では実際にこんなやり取りがありました。

息子「どうしてお父さんのおちゃわんのほうが大きいの？」
小川「お父さんのほうが、お腹が減るからだよ」
息子「どうしてへるの？」
小川「仕事をするとエネルギーを使うから、お腹が減るようにできているんだよ」
息子「エネルギーってなあに？」
小川「人間を活動させてくれるものだよ」
息子「カツドウって？」

……といった具合に、リアクションし続けるのです。はっきり言って、これは消耗戦。大人は疲労困憊です。

このケースにかぎらず、こちらが懸命に（そう見えないように装いながらですが）答えても、もちろん子どもは内容を理解できませんし、覚えてもいません。

でも、子どもの心が動いたこのタイミングにつきあうことで、子どもの知的好奇心は広がりやすくなっていくのです。

＊「人間って何人いるの？」を一緒に考える

たとえば、「お母さん、人間って何人いるの？」という、非常に率直な「なぜ？」を、子どもは突然口にします。

お母さんは困ります。「70億人といったところで、単位がわからないだろう」「答えようがない」。そこで、「たくさんよ〜」などと、ごまかしてしまいます。

たしかに、70億人というのは、子どもが実感を持てない数字です。だから、こういうときは実感ができる数字に戻してあげるといいのです。

「幼稚園のお友達って何人だっけ？」

「30人かな」

「じゃあさ、世田谷区に幼稚園っていくつあるか知ってる？」

「わかんない。10くらい？」

「もっとあるよ。じゃあ、○○小学校には何人くらいの生徒がいると思う？」

「100くらい？」

「世田谷区には中学校も高校もあるよね。東京って何区あるんだっけ？」

……と、そこで地図を広げるわけです。

世田谷区だけでもすごい数の人がいて、東京だけでも○○人。日本には47都道府県あるけど、日本は地球のなかでたったこれだけの面積。


まず、子どもの感覚にあわせて話をキャッチし、広げてあげることが大切です。

70億人をわからせることが目的ではありません。繰り返しますが、**声かけや親子の会話は、正しい答えにたどりつくためのものではない**のです。

ひとつの思考の訓練です。「70億人ってどれくらいだろう？」と、考えていくことに意義があります。

子どもの素朴な疑問は大きなチャンス。親御さんも忙しいと思いますが、ほんの少し立ちどまって、それにこたえる習慣をつけていただければと思います。

やっぱり図鑑に興味がない、地図を見ない…

＊子どものタイプによって声かけも変わってくる

ここでは、子どものタイプ別の声かけについて、見ておきたいと思います。

たとえば、「うちの子は全然落ち着きがなくて、なかなか図鑑をじっくり見てくれません」などという相談を受けます。

けれども、そこで「だから、うちの子には向いてないんだ」とあきらめるのは早合点にすぎます。

単に、興味の引き方が合っていないだけかもしれません。まずは以下の質問で、「あえてひとつ選ぶならこれ」というものを直感で選んでください。

【Q１】お子さんはどんな遊びが好きですか？

体を動かすことが好き、得意　↓A
お絵描きが好き、得意　↓B
しりとりなど言葉遊びが好き、得意　↓C

【Q2】お子さんにはどんなクセがありますか？

何かをするとき鼻歌をよく歌う　↓A
気がつくと落書きしている　↓B
「〇〇〇ってなあに？」とはじめての言葉を知りたがる　↓C

【Q3】集中しているときでも気になりやすいのは、どれですか？

動き　↓A
見えるもの　↓B
音　↓C

【Q1〜3】でA、B、Cのどれが多かったですか？

＊「動き」が必要な子、ビジュアル重視の子…

↓Aが多い

体を動かすこと、雰囲気を感じとることに敏感なお子さんです。図鑑や地図を見るときにも、動きを入れていきましょう。

説明を見て、「こうやって動くんだね」と身振りを加えたり、鳴き声を真似してみる。地図なら「ここからここまでずぅーっと」と指でなぞっていく。ページをめくるときに「ジャジャーン♪」と効果音をつけてみるなどです。

辞書も、「ぱっと開いて『ものごころ』のページを当ててみよう」と、カンで目当てのページを当てるゲームにするなど、動きを入れると楽しめます。

↓Bが多い

映像センスに優れたお子さんです。文字でくどくど説明しているものよりも、ビジュアルが印象的なものを選ぶといいでしょう。

写真がきれいなものや、色使いが工夫されている本を好みます。

グラフ、表ですっきりと表しているものもいいですね。辞書で言葉を調べるときにも、インターネットで画像検索をして実物の写真やイラストを見せてあげると有効です。

地図帳を見ながら、日本の形や都道府県の形を自分でも描いてみると、地形をすぐに覚えられる子もこのタイプには多いですね。

↓Cが多い

言葉への感度が高いお子さんです。

物の名前に対する興味も深いので、図鑑を一緒に見るときは、「ヒョウモントカゲモドキだって。トカゲみたいなのになんでモドキなんだろうね」と、名前について話題にするのも楽しめるでしょう。

植物図鑑を見ていて「これって何?」と聞かれたときは、「バラか何かじゃない?」と片づけてしまわず、正しい名前を調べて教えてあげられるといいですね。

このタイプの子は、年齢が上がると文字を読むことを好むことが多いので、写真やイラストと名前だけでなく、ときには情報欄も読んでみるといいですね。

【オマケのQ】おもしろいときどんな笑い方をしますか？

ワハハ！と大きく口を開けて全身で笑う　↓ア
フフッ、クスクスと、ひとり笑う　↓イ
周りを見てからうれしそうに笑う　↓ウ

「ア」の子は、周りの人と一緒になって遊ぶことが好きです。図鑑などでリビング遊びするときも、おしゃべりしながら親子で楽しむといいですね。

「イ」の子は、自分の世界を持っている子です。気がつくと、ひとりで本を開いていることもあるでしょう。楽しそうにしているなら、そのままにしておいて、ひとりの世界を見守ってあげるのもいいことです。

「ウ」の子は、自分の感じ方にまだ自信が持てていないのかもしれません。周りの反応を見て安心したいという気持ちが感じられます。目をあわせてにっこり笑顔を返してあげましょう。積極的に楽しみ始めるでしょう。

「好き」をとことん伸ばしてあげてください

＊得意不得意を言う前に

本書の最後で、あらためてお伝えしたいことがあります。

ぜひとも、お子さんの「好き」を大切にしてあげてほしいのです。

私の教室には、お子さんの成績の伸び悩みで訪れる方が大半です。親御さんに面談すると、わが子のできないこと、苦手分野について「どうしたらいいでしょう？」と相談されます。

けれども、私が伺うのは真逆のことです。

「お子さんの好きなことは何ですか？」

なぜなら、**好きなことこそ突破口になる**からです。

たとえば国語が苦手という男の子。アニメが好きなら、そこが突破口になります。好きなアニメはどんなストーリーなのか、登場人物はどんなキャラクターで、とくに好きなキャラは誰なのか、といったことを私ならお子さんにたずねます。

その子にとって受けとめやすい世界がどんな形なのかを知れば、国語の勉強で扱う文章もそれにあわせるようにして紹介してあげればいいのです。

「名探偵コナン」が好きな子なら、「ルドルフとイッパイアッテナ」も「注文の多い料理店」も「ウナギ大回遊の謎」も、楽しめる心を持っていそうだ。そうとらえるのです。

あるいは、算数が苦手という女の子。料理が好きなら、そこが突破口です。

お菓子づくりは分量を正確に量らないといけませんね。計量カップ、クッキングスケール、大さじ小さじの使い分けは数字に親しむチャンスです。

レシピを考えるときは、盛りつけのイメージもふくらみますが、盛りつけには円、四角形、三角形、円すいなどさまざまな図形が登場しています。

大好きな料理のなかにある算数の世界を見つけてあげて、身近に感じさせてあげればいいのです。

＊好きなことなら勝手にがんばる

好きこそものの上手なれ。

本書でも述べてきたように、子どもは心が動かないと、頭も動きません。お子さんの得意不得意を言う前に、「何が好きか」を知ってほしいと思います。

親はつい、子どもの「好き」をおきざりにして、「させたいこと」をさせてしまいがちです。けれども、それをムリに押し進めようとすると、結局子どもの苦手をつくってしまうだけ。

「好き」を原動力にすると、驚くほど子どもは前向きに、自分からどんどんがんばるものです。

その**「好き」の中身は、どんなものでもかまいません。**テレビやまんがが、ゲームのキャラでも何でもいいのです。

「そんなことが好きなんて」「もっと高尚なことを好きになってほしい」などと思う必要はありません。そこから学習意欲につなげていくことは、いくらでもできます。

そして、「好き」を認めることは、子どもに自己肯定感を与えることでもあります。人間は、成長過程で幾度も壁にぶち当たります。でも、「ボク（私）はやればできる」という自信があれば、前に進むことができます。その自信を持つには、親から認められてきたことが不可欠なのです。

ぜひとも、お子さんの「好き」を大切にし、それを大いに伸ばしてあげてください。

それが何よりの教育だと私は思っています。

〈著者紹介〉

小川大介（おがわ・だいすけ）

◇― 1973年生まれ。京都大学法学部卒業。学生時代から大学受験予備校、大手進学塾で受験国語の看板講師として活躍。難関中学、国公立大学医学部などへ多数の合格者を送り出す。
2000年、さらなる学習指導の理想を追究し、中学受験専門のプロ個別指導教室SS-1［エスエスワン］を設立。

◇―教科指導スキルに、声かけメソッド、逆算思考、習慣化指導を組み合わせ、短期間の成績向上を実現する独自ノウハウを確立する。
首都圏、関西圏に展開する同教室を代表として率いつつ、子育て、人材育成に関する講演、執筆活動に力を入れている。

◇―「プレジデントファミリー」「AERA with Kids」「日経DUAL」などの記事で度々登場。フジテレビ「ペケポンプラス」に「カリスマ先生」としてレギュラー出演し、当意即妙の受け答えが人気を博す。
著書に、『小川式「声かけ」メソッド』（宝島社）、『中学受験 基本のキ！』（共著：日経BP社）など。

SS-1公式サイト
https://www.ss-1.net

頭がいい子の家のリビングには必ず「辞書」「地図」「図鑑」がある

2016年3月26日　第1刷発行
2016年6月23日　第5刷発行

著　者――小川大介

発行者――徳留慶太郎

発行所――株式会社すばる舎

東京都豊島区東池袋3-9-7 東池袋織本ビル　〒170-0013
TEL　03-3981-8651（代表）　03-3981-0767（営業部）
振替　00140-7-116563
http://www.subarusya.jp/

印　刷――株式会社シナノ

ISBN978-4-7991-0499-6